Trade Remedy Measures Handbook
特殊関税ハンドブック
アンチダンピング関税を中心に手続を解説

水谷浩隆 著

日本関税協会

はじめに

　特殊関税制度（不当廉売関税、相殺関税、緊急関税、報復関税）は、不公正な貿易取引や輸入急増等の特別の事情がある場合において、関税を賦課することにより国内産業を保護・救済するための制度です。

　不当廉売関税（アンチダンピング関税）については、近年、多くの国で発動されており、WTO発足の1995年から2023年までの期間では世界で4,553件の発動があります。我が国では、2014年以降は毎年、新規の発動又は課税期間の延長が行われ、件数は少ないものの活発化しており、今後も不公正な貿易取引に対し発動の必要性が続くものと思われます。

　一方、特定の国又は地域の間での経済連携協定（EPA）等の締結が世界的に拡大しています。我が国においても、2002年以降、20本のEPAが発効し、また、新たな締結に向けて交渉中のものもあり、EPAによる関税撤廃が更に進展していくものと思われます。EPAでは、EPAに基づき関税の撤廃又は引下げを行った結果、輸入貨物の増加により国内産業に重大な損害が生じる場合に一定条件下で関税の緊急措置（セーフガード措置）を発動できるとされています。

　このような状況を踏まえ、不当廉売関税や関税の緊急措置等について、制度の概要をわかりやすく把握できるよう本書を発行することとしました。

　本書では、第1部で、特殊関税制度の全体像を把握できるように、制度の概要、制度の法体系、発動要件・措置内容について説明します。第2部では、特に不当廉売関税について、課税要件、課税開始までの一連の手続の流れ等を詳細に説明します。次に、第3部で、不当廉売関税の最近の発動事例について具体的に紹介します。続いて、第4部では、EPAに基づく関税の緊急措置について、国内法令並びに経済規模の大きいEPAであるCPTPP及びRCEPを例にとり協定の規定内容について説明します。最後に第5部で特殊関税関係法令集を掲載しています。

　不当廉売関税等は、ルールに従って適切に運用されれば、不公正な貿易取引等に対して国内産業の必要な保護を図る有効な貿易救済措置となりえます。本書がこれらの制度と実務についてご理解を深めていただく一助となれば幸いです。

　最後に、本書の発行と編集に際して、公益財団法人日本関税協会の田中万平専務理事、鎌田泰二編集グループ担当部長、和田雅生編集グループ長に貴重なご助言をいただきましたことに感謝申し上げます。

2025年3月

目　次

第1部　特殊関税制度の概要･････････････････7
 1　特殊関税制度の概要･･････････････････8
 2　特殊関税制度の法体系･･････････････9
 3　特殊関税の発動要件・措置内容等･････11
 4　我が国における特殊関税の発動実績･････16
 5　世界における発動実績･･････････19
 　付録　経済安全保障と特殊関税･･････22
第2部　不当廉売関税の実務･･････････25
 1　課税要件･･･････････････26
 2　不当廉売関税の発動手続（全体概要）･････31
 3　課税申請（課税の求め）･････････33
 4　調査･････････････････37
 5　暫定措置･･･････････45
 6　損害の認定･･･････････46
 7　不当廉売関税に係る申請の種類･････47
 8　課税期間の延長･･･････49
 9　不当廉売関税の変更又は廃止･････51
 10　新規供給者による変更又は廃止の求め･････52
 11　最終決定前の重要事実の開示････55
 12　最終決定･･･････56
 13　不当廉売関税の還付･･････57
 14　約束････････････59
 　付録　不当廉売関税に係る迂回防止制度･････61
第3部　不当廉売関税の最近の発動事例･････65
 事例①　大韓民国産及び中華人民共和国産溶融亜鉛めっき鉄線･･････66
 1　現行の措置の内容･･････66
 2　課税の求め･････････69
 3　調査の実施と結果･････71
 4　課税の決定･･････76
 事例②　中華人民共和国産高重合度ポリエチレンテレフタレート･････76
 1　現行の措置の内容･････77
 2　課税の求め････････79
 3　調査の実施と結果･････80
 4　課税の決定･･･････85

	5	課税期間の延長の求め	85
	6	課税期間延長調査の実施と結果	87
	7	課税期間の延長の決定	90
事例③		大韓民国産及び中華人民共和国産水酸化カリウム	91
	1	現行の措置の内容	92
	2	課税の求め	92
	3	調査の実施と結果	94
	4	課税の決定	98
	5	課税期間の延長の求め	99
	6	課税期間延長調査の実施と結果	100
	7	課税期間の延長の決定	104

第4部　経済連携協定に基づく関税の緊急措置 **105**

    1　関税暫定措置法等 106

    2　経済連携協定における関税の緊急措置の規定 114

第5部　特殊関税関係法令集 **127**

    報復関税（関税定率法第6条） 128

    報復関税等に関する政令 128

    相殺関税（関税定率法第7条） 129

    相殺関税に関する政令 132

    不当廉売関税（関税定率法第8条） 138

    不当廉売関税に関する政令 142

    緊急関税（関税定率法第9条） 151

    緊急関税等に関する政令 153

    経済連携協定に基づく関税の緊急措置（関税暫定措置法第7条の7） 157

    経済連携協定に基づく関税の緊急措置に関する政令 158

Column 1　関税とは何か 10

Column 2　HSについて 20

Column 3　ガットからWTOへ 21

Column 4　不当廉売の意義について 29

Column 5　経済連携協定（EPA）、自由貿易協定（FTA）とは 107

第1部
特殊関税制度の概要

8　第1部　特殊関税制度

　第1部では、特殊関税制度（不当廉売関税、相殺関税、緊急関税、報復関税）の全体像を把握できるように、制度の概要、制度の法体系、発動要件・措置内容、我が国及び世界における発動実績について説明します。

1　特殊関税制度の概要

　特殊関税制度は、不公正な貿易取引や輸入の急増等の特別の事情がある場合に、貨物の供給者又は供給国等を指定して、通常の関税のほかに割増の関税を賦課することにより、国内産業を保護・救済するための制度です。
　ここで通常の関税のほかに割増の関税を賦課すると表現しましたが、関税が無税の品目も制度の対象であり、すべての輸入貨物が特殊関税の発動の対象になりえます。
　なお、我が国では不当廉売関税等を総称して特殊関税と呼んでいますが、国際的には貿易救済措置（trade remedy measures）と呼ばれています。

（特殊関税の種類と目的）

　特殊関税には次の4つの種類があります。

① **不当廉売関税**：不当廉売（ダンピング）された貨物の輸入により、その輸入貨物と同種の貨物を生産する国内産業に実質的な損害等が生じている場合において、国内産業を保護するため必要があると認められるときに課される割増の関税（"アンチダンピング関税"）

② **相殺関税**：外国において生産又は輸出について補助金の交付を受けた貨物の輸入により、その輸入貨物と同種の貨物を生産する国内産業に実質的な損害等が生じている場合において、国内産業を保護するため必要があると認められるときに課される割増の関税

③ **緊急関税**：外国における価格の低落その他予想されなかった事情の変化により特定の種類の貨物の輸入が増加したことにより、その輸入貨物と同種の貨物又は用途が直接競合する貨物を生産する国内産業に重大な損害等が生じている場合において、国民経済上緊急に必要があると認められるときに課される割増の関税（"セーフガード措置"）

④ **報復関税**：ある国においてWTO（世界貿易機関）協定違反等があり、WTO協定上の我が国の利益を守り又はWTO協定の目的を達成するため必要があると認められるとき、又はある国が我が国の船舶、航空機、輸入貨物又は通過貨物に対して差別的に不利益な取扱いをしている場合に課される割増の関税

2 特殊関税制度の法体系

特殊関税制度は、国際ルールであるWTO（世界貿易機関）の協定に基づき、国内法令に発動要件、発動手続等が定められています（**図表1－1**参照）。

WTOでは、「1994年の貿易及び関税に関する一般協定（GATT1994）」において、第6条に不当廉売関税及び相殺関税に関しての規定、第19条に緊急関税に関しての規定、第23条に報復関税に関しての規定があります。これらの規定を受けて、制度別に詳細なルールを定める3つの協定（「1994年の関税及び貿易に

図表1－1　特殊関税制度の法体系

国際ルールに基づき、国内法令に特殊関税の発動要件、手続等を規定

国際ルール

WTO協定	
不当廉売関税	GATT第6条 アンチダンピング協定
相殺関税	GATT第6条 補助金及び相殺関税に関する協定
緊急関税	GATT第19条 セーフガードに関する協定
報復関税	GATT第23条 紛争解決に係る規則及び手続に関する了解

国内法令等

関税定率法
第6条　報復関税 第7条　相殺関税 第8条　不当廉売関税 第9条　緊急関税

政令	発動政令
＊報復関税等に関する政令 ＊相殺関税に関する政令 ＊不当廉売関税に関する政令 ＊緊急関税等に関する政令	対象貨物、供給者・国、課税期間、税率等について規定

ガイドライン (関係省申し合わせ)	(一部の発動政令に) 省令

申請の手引き	通達

※国内法令に規定がない事項については、WTO協定が直接適用される。

関する一般協定第6条の実施に関する協定（アンチダンピング協定）」、「補助金及び相殺措置に関する協定」、「セーフガードに関する協定」）、及び1つの了解（「紛争解決に係る規則及び手続に関する了解」）があります。

他方、国内法令においては、前記のWTO協定に基づき、関税定率法に「第6条　報復関税」、「第7条　相殺関税」、「第8条　不当廉売関税」、「第9条　緊急関税」の規定があり、その下に各制度に対応した政令が4つあり（「報復関税等に関する政令」、「相殺関税に関する政令」、「不当廉売関税に関する政令」、「緊急関税等に関する政令」）、発動要件、発動手続等の詳細が定められています。

実際に特殊関税を発動する際には、事案ごとにその都度、課税の対象となる貨物、供給者又は供給国、課税期間、税率等を定める政令（いわゆる"発動政令"）が制定されます。必要に応じて省令により取扱いの細部が定められるほか、財務省関税局長通達が発出されます。

さらに、運用指針として関係5省（財務省、厚生労働省、農林水産省、経済産業省、国土交通省）で申し合わせたガイドラインが3つあり（不当廉売関税、相殺関税、緊急関税）、また、参考資料として、不当廉売関税について、「不当廉売関税（アンチダンピング関税）を課することを求める書面の作成の手引き（財務省、経済産業省）」があります。

Column 1

関税とは何か

関税は、歴史的には古代都市国家における手数料に始まり、内国関税、国境関税というような変遷を経てきましたが、今日では一般に「輸入品に課される税」として定義されています。

関税は、他の租税同様、その収入は国庫収入となります。かつては、国家の財源として重要な位置を占めていました。国家間の経済交流が活発化し、貨幣経済が浸透する一方、国家の財政規模が巨大になり、国家の徴収体制が整備されるのに伴い、財源調達手段としての関税の意義は相対的に小さくなっていますが、厳しい財政事情の下でこれを適正に確保することは重要となっています。

他方、関税が課せられると、その分だけコストが増加し、国産品に対して競争力が低下することから、関税の国内産業保護という機能が生まれます。現在では、この産業保護が重要な関税の機能となっています。

（出所：財務省ホームページ）

3 特殊関税の発動要件・措置内容等

　以下、各特殊関税について、発動する際の要件、措置の内容等をみていきます。（**図表1－2**参照）

（1）不当廉売関税

イ　発動要件

　不当廉売（正常価格〈輸出国における国内販売価格等〉より低い価格で輸出のために販売することをいう）された貨物の輸入が、当該輸入貨物と同種の貨物を生産する本邦の産業に実質的な損害を与え若しくは与えるおそれがあり、又は本邦の産業の確立を実質的に妨げる事実（「本邦の産業に与える実質的な損害等の事実」という）がある場合において、当該本邦の産業を保護するために必要があると認められるときに、不当廉売関税を課することができます。

図表1－2　特殊関税制度の概要

	不当廉売関税 （アンチダンピング関税） 相殺関税	緊急関税 （セーフガード措置）	報復関税
要因	不公正な貿易取引	輸入の増加	外国のWTO協定違反による国家間紛争
産業への損害	実質的な損害	重大な損害	―
目的	国内産業保護		紛争解決 （WTO上の権利を守る）
調査	あり		なし
暫定措置	可		不可
指定	・貨物 ・供給者又は供給国 ・期間（5年以内） ※延長可	・貨物 ・（国等の指定なし） ・期間（暫定措置と通算して4年以内） ※延長可（通算して8年以内）	・貨物 ・国 ・（期間の指定なし） ※実際はWTO承認の範囲内で政令で指定
代償措置	なし	あり ※代償について合意できなければ輸出国（被発動国）は対抗措置が可能	なし

（注）「重大な損害」は、「実質的な損害」より損害の程度が重いと解される。不公正な貿易取引と異なり、輸入の増加は不公正なものではないため、実質的な損害（material injury）では発動できず、重大な損害（serious injury）が必要となる。

12 第1部 特殊関税制度

ロ 課税の求めと調査

不当廉売関税を課するためには、本邦の産業に利害関係を有する者からの課税の求め等に基づき当局が調査を行い、客観的データに基づき事実の認定を行う必要があります。

ハ 措置の内容

措置の内容としては、発動政令により、対象となる貨物、供給者又は供給国、期間を指定して、不当廉売された貨物の正常価格と輸出のための販売価格との差額（不当廉売差額）以下の関税を課します。

ニ 発動期間

発動期間は5年以内とされていますが、不当廉売された貨物の輸入及び当該輸入の本邦の産業に与える実質的な損害等の事実が発動期間の満了後に継続し又は再発するおそれがあると認められる場合には、さらに5年以内の延長が可能です。

ホ 暫定措置

調査開始後60日が経過した後、調査の完了前であっても、十分な証拠により、不当廉売された貨物の輸入の事実及び当該輸入が本邦の産業に与える実質的な損害等の事実を推定することができ、当該本邦の産業を保護するため必要があると認められるときは、原則として4か月の期間内で暫定措置を発動することができます。

ヘ 審議会・閣議決定

不当廉売関税は、財務省において関税・外国為替等審議会に諮問し、発動政令の閣議決定を経て課されます。措置を延長、変更若しくは廃止する際又は暫定措置を発動する際にも同様の手続をとります。（不当廉売関税についての詳細は第2部を参照）

(2) 相殺関税

イ 発動要件

外国において生産又は輸出について補助金の交付を受けた貨物の輸入が、当該輸入貨物と同種の貨物を生産する本邦の産業に実質的な損害を与え若しくは与えるおそれがあり、又は本邦の産業の確立を実質的に妨げる事実（「本邦の産業に与える実質的な損害等の事実」という）がある場合において、当該本邦の産

業を保護するために必要があると認められるときに、相殺関税を課することができます。

ロ　課税の求めと調査

　相殺関税を課するためには、本邦の産業に利害関係を有する者からの課税の求め等に基づき当局が調査を行い、客観的データに基づき事実の認定を行う必要があります。

ハ　措置の内容

　措置の内容としては、発動政令により、対象となる貨物、供給者又は供給国、期間を指定して、補助金と同額以下の関税を課します。

ニ　発動期間

　発動期間は5年以内とされていますが、補助金の交付を受けた貨物の輸入及び当該輸入の本邦の産業に与える実質的な損害等の事実が発動期間の満了後に継続し又は再発するおそれがあると認められる場合には、さらに5年以内の延長が可能です。

ホ　暫定措置

　調査開始後60日が経過した後、調査の完了前であっても、十分な証拠により、補助金の交付を受けた貨物の輸入の事実及び当該輸入の本邦の産業に与える実質的な損害等の事実を推定することができ、当該本邦の産業を保護するため必要があると認められるときは、原則として4か月の期間内で暫定措置を発動することができます。

ヘ　審議会・閣議決定

　相殺関税は、財務省において関税・外国為替等審議会に諮問し、発動政令の閣議決定を経て課されます。措置を延長、変更若しくは廃止する際又は暫定措置を発動する際にも同様の手続をとります。

(3) 緊急関税

イ　発動要件

　外国における価格の低落その他予想されなかった事情の変化により特定の種類の貨物の輸入の増加（本邦の国内総生産に対する比率の増加を含む）の事実（「特定貨物の輸入増加の事実」という）があり、当該貨物の輸入が、これと同種

14 第1部 特殊関税制度

の貨物又は用途が直接競合する貨物の生産に関する本邦の産業に重大な損害を
与え又は与えるおそれがある事実（「本邦の産業に与える重大な損害等の事実」
という）がある場合において、国民経済上緊急に必要があると認められるとき
に、緊急関税を課することができます。

ロ　損害の程度

　緊急関税でいう「重大な損害（material injury）」は、不当廉売関税又は相殺関
税でいう「実質的な損害（serious injury）」より損害の程度が重いと解されてい
ます。不当廉売又は補助金交付という不公正な貿易取引とは異なり、輸入の増
加は不公正なものでないので、緊急関税の発動には、実質的な損害ではなく、
重大な損害が必要とされています。

ハ　措置の内容

　措置の内容としては、発動政令により、対象となる貨物、期間を指定して、
同種・競合貨物の国内適正卸売価格から対象貨物の課税価格及び通常の関税率
による税額を控除した額と同等以下の関税を課すること、又はWTOの譲許税
率の撤回若しくは修正をします。

ニ　発動期間

　発動期間は4年以内とされていますが、発動期間の満了後においても当該貨
物の輸入の増加による本邦の産業に与える重大な損害等の事実が継続すると認
められ、かつ、本邦の産業が構造調整を行っていると認められるときは、通算
して8年以内の延長が可能です。

ホ　暫定措置

　調査が開始された場合において、その調査の完了前においても、十分な証拠
により、特定貨物の輸入増加の事実及びこれによる本邦の産業に与える重大な
損害等の事実を推定することができ、国民経済上特に緊急に必要があると認め
られるときは、200日以内の期間で暫定措置を発動することができます。

ヘ　代償措置と対抗措置

　緊急関税を発動しようとする場合又は発動した場合は、WTO協定に基づく
貿易相手国との協議により、代償措置として、他品目の譲許の修正等を行うこ
とができます。また、外国において緊急措置がとられた場合において、WTO
協定に規定する事情があると認められる場合には、対抗措置として、輸入され
る貨物の課税価格と同額以下の割増関税を課すること、又は当該貨物に係る譲

許を停止することができます（ただし、当該外国における緊急措置が、輸入数量の増加の事実に基づきとられた場合には、当該措置がとられた日から3年間は対抗措置を行使することはできません）。

ト　審議会・閣議決定

緊急関税は、財務省において関税・外国為替等審議会に諮問し、発動政令の閣議決定を経て課されます。ただし、直ちに緊急関税を課す必要がある場合は、諮問することなく課すことも可能であり、その場合には課した後速やかに審議会に報告しなければなりません。措置を延長、撤回若しくは緩和する際又は暫定措置を発動する際にも同様の手続をとります。

（4）報復関税

イ　発動要件

報復関税は、次の2つのいずれかの場合に課することができます。
① ある国においてWTO協定上の我が国の利益を無効にし又は侵害している場合等において、WTO協定上の我が国の利益を守り又はWTO協定の目的を達成するため必要があると認められるとき
② ある国において我が国の船舶、航空機、輸出貨物、通過貨物に対して差別的な不利益な取扱いをしている場合

ロ　措置の内容

措置の内容としては、発動政令により、対象となる国及び貨物を指定して、当該貨物の課税価格と同額以下の関税を（前記イ①についてはWTOの紛争解決機関等による承認の範囲内において）課します。

ハ　審議会・閣議決定

報復関税は、財務省において関税・外国為替等審議会に諮問し、発動政令の閣議決定を経て課されます。ただし、直ちに報復関税を課す必要がある場合は、諮問することなく課すことも可能であり、その場合には課した後速やかに審議会に報告しなければなりません。措置を変更又は廃止する際にも同様の手続をとります。
（出所：財務省資料を基に作成）

16 第1部 特殊関税制度

4 我が国における特殊関税の発動実績

　我が国における特殊関税の発動実績は、不当廉売関税が11案件、相殺関税が1案件、緊急関税が1案件(他に対抗措置が1案件)、報復関税が1案件となっています。以下、発動事例をみていきます。

(1) 不当廉売関税の発動実績

　我が国では、不当廉売関税を発動し、既に課税期間が終了したものが6案件、現在発動しており課税期間中となっているものが6案件あります。(電解二酸化マンガンについては両者に該当するので、計11案件)(**図表1-3**参照)
　我が国で初めて不当廉売関税が発動されたのは、1993年、「中華人民共和国産フェロシリコンマンガン」に対してです。その後、1995年に「パキスタン産綿糸」、2002年に「大韓民国産及び台湾産ポリエステル短繊維」、2008年に「中華人民共和国産、オーストラリア産、スペイン産及び南アフリカ共和国産電解二酸化マンガン」に対して発動されました。
　2015年の「中華人民共和国産トルエンジイソシアネート」以降は、2016年の「中華人民共和国産及び大韓民国産水酸化カリウム」、2017年の「中華人民共和国産高重合度ポリエチレンテレフタレート」、2018年の「中華人民共和国産及び大韓民国産炭素鋼製突合せ溶接式継手」、2020年の「中華人民共和国産トリス(クロロプロピル)フォスフェート」、2021年の「大韓民国産炭酸カリウム」、2022年の「大韓民国産及び中華人民共和国産亜鉛溶融めっき鉄線」まで、ほぼ毎年、新規の発動がありました。
　なお、「大韓民国産及び台湾産ポリエステル短繊維」については2007年に、「電解二酸化マンガン」についてはスペイン産及び南アフリカ共和国産が2014年に、中華人民共和国産が2014年、2019年及び2024年に、「大韓民国産及び中華人民共和国産水酸化カリウム」については2021年に、「中華人民共和国産高重合度ポリエチレンテレフタレート」については2023年に、それぞれ課税期間の延長が行われました。

(2) 相殺関税の発動実績

　我が国での相殺関税の発動実績として次の1案件があります。
　韓国の民間金融機関等が行った韓国ハイニックスセミコンダクター社に対す

4　我が国における特殊関税の発動実績　**17**

図表1－3　我が国における不当廉売関税の発動実績

■発動中のもの

対象国・対象品目	不当廉売関税率	課税期間
中華人民共和国産電解二酸化マンガン	34.3%～46.5%	2008年9月1日～2029年2月25日【延長3回】
大韓民国産及び中華人民共和国産水酸化カリウム <第3部事例③参照>	49.5%～73.7%	2016年8月9日～2026年8月12日【延長1回】
中華人民共和国産高重合度ポリエチレンテレフタレート <第3部事例②参照>	39.8%～53.0%	2017年12月28日～2028年2月2日【延長1回】
中華人民共和国産トリス（クロロプロピル）ホスフェート	37.2%	2020年9月17日～2025年9月16日
大韓民国産炭酸二カリウム	30.8%	2021年6月24日～2026年6月23日
大韓民国産及び中華人民共和国産亜鉛溶融めっき鉄線 <第3部事例①参照>	9.8%～41.7%	2022年12月8日～2027年12月7日

■発動終了のもの

対象国・対象品目	不当廉売関税率	課税期間
中華人民共和国産フェロシリコマンガン	4.5%～27.2%	1993年2月3日～1998年1月31日
パキスタン産綿糸	2.1%～9.9%	1995年8月4日～2000年7月31日
大韓民国産及び台湾産ポリエステル短繊維	6.0%～13.5%	2002年7月26日～2012年6月28日【延長1回】
オーストラリア産、スペイン産及び南アフリカ共和国産電解二酸化マンガン	14.0%～29.3%	豪：2008年9月1日～2013年8月31日 スペイン・南ア：2008年9月1日～2019年3月4日【延長1回】
中華人民共和国産トルエンジイソシアナート	69.4%	2015年4月25日～2020年4月24日
大韓民国産及び中華人民共和国産炭素鋼製突合せ溶接式継手	41.8%～69.2%	2018年3月31日～2023年3月30日

(注)「大韓民国産綿糸」は1982年に課税の求め、「ノルウェー産及びフランス産フェロシリコ」は1984年に課税の求め、「大韓民国産セーター類」は1988年に課税の求めが行われたが、輸出者側の自主規制措置があったこと等から、いずれも課税の求めが取り下げられた。「インドネシア産カットシート紙」については、2012年に課税の求めが行われたが、調査の結果、不当廉売された貨物の輸入の事実が認められなかったことから、課税されなかった。「中華人民共和国産黒鉛電極」については、2024年に課税の求めが行われ、調査中（2025年2月20日現在）。

　る金融支援措置が、韓国政府の指示に基づく実質的な補助金であり、我が国の半導体産業に損害を与えていると認定され、2006年1月、同社製のDRAM（ダイナミックランダムアクセスメモリー）及びDRAMモジュールに対して相殺関税が発動されました。2008年9月、相殺関税率が変更され、2009年4月に課税終了となりました（**図表1－4**参照）。

(注)DRAM（半導体メモリー）とは、コンピュータが処理するデータ等を一時的に保存するた

18　第1部　特殊関税制度

めのメモリー。主にパソコン、ゲーム等に使用される。

図表1-4　韓国ハイニックスセミコンダクター社製DRAM及び DRAMモジュールに対する相殺関税

対象供給者	相殺関税率	課税期間
韓国ハイニックス セミコンダクター社	27.2%	2006年1月27日～2008年8月31日
	9.1%	2008年9月1日～2009年4月22日

（3）緊急関税の発動実績

　我が国での緊急関税の発動実績として次の1案件があります。

　2001年4月、中華人民共和国産ねぎ、生しいたけ及び畳表について、緊急関税の暫定措置が発動されました。2001年12月、主な輸出国である中国との間で、ねぎ等3品目の秩序ある貿易の促進について合意が得られたことから、調査が終了され、確定措置は発動されないこととなりました（**図表1-5**参照）。

図表1-5　中華人民共和国産ねぎ、生しいたけ及び 畳表に対する緊急関税（暫定措置）

対象品目	暫定緊急関税率	課税期間
ねぎ	223円/kg or 225円/kg	2001年4月23日～2001年11月8日 （暫定措置のみ）
生しいたけ	633円/kg or 635円/kg	
畳表	306円/kg or 323円/kg	

（注）上記の他に、2002年6月、米国による鉄鋼セーフガード措置に対する「対抗措置」を発動（米国産鉄鋼製品等に係る関税の譲許の適用を停止、ただし、税率は従来と同一）。2003年12月、米国が鉄鋼セーフガード措置を撤回したことを受け、当該対抗措置を廃止。

（4）報復関税の発動実績

　我が国での報復関税の発動実績として次の1案件があります。

　米国の関税法の条項（バード修正条項）がWTO協定違反とされたことへの対抗措置として、2005年9月から、米国産玉軸受等（ベアリング、鉄鋼製品）に対して報復関税が発動されました。WTOの承認の範囲内において、措置の内容（対象品目、報復関税率）が見直しされながら、1年ずつ延長されました。2014年以降延長されていません（**図表1-6**参照）。

(注) バード修正条項とは、不当廉売関税等により米国政府が得た税収を、不当廉売等による被害を申し立てた米国内企業等に対して分配する条項。

(注) ベアリングとは、軸を正確に回転させるための機械要素で、自動車の車軸等に使用される。鉄鋼製品は機械製品に広く使用されているもの。

図表1−6　米国産玉軸受等（ベアリング、鉄鋼製品）に対する報復関税

対象国	課税期間	2005.9〜	2006.9〜	2007.9〜	2008.9〜	2009.9〜	2010.9〜	2011.9〜	2012.9〜	2013.9〜2014.8
米国	対象品目	玉軸受等（15品目）			玉軸受・円すいころ軸受（2品目）				円すいころ軸受（1品目）	玉軸受等（13品目）
	報復関税率	15.0%			10.6%	9.6%	4.1%	1.7%	4.0%	17.4%

（出所：財務省資料を基に作成）

5　世界における発動実績

　世界における発動実績は、WTO資料によれば、1995年〜2023年の累計で、不当廉売関税が4,553件、相殺関税が414件、緊急関税が213件となっています。また、同期間で、WTO紛争解決機関（DSB）が承認した報復措置は9案件（WTOに持ち込まれた紛争処理案件（協議要請数）は621件）となっています。

　このうち、日本（日本からの輸出貨物）に対する外国での発動実績（すなわち日本が被発動国となるもの）は、不当廉売関税が174件ありますが、相殺関税と報復関税は実績がありません。

(注) 緊急関税については、すべての国を対象として発動するので、被発動国としての集計はありません。

　不当廉売関税について、発動国別・被発動国別の件数、日本に対する不当廉売関税の発動国別の件数は、**図表1−7**のとおりです。

　なお、不当廉売関税の発動対象産品は、HSの部別にみると、「第15部　卑金属及びその製品」(1,508件)、「第6部　化学工業（類似の工業を含む）の生産品」(951件)、「第7部　プラスチック及びゴム並びにこれらの製品」(557件)、「第16部　機械類及び電気機器等」(332件)、「第11部　紡織用繊維及びその製品」(318件) が多くなっています。

20 第1部　特殊関税制度

図表1－7　不当廉売関税の発動国別・被発動国別件数

不当廉売関税の件数

主な発動国		主な被発動国	
インド	790	中国	1,198
米国	634	韓国	329
EU	364	台湾	232
アルゼンチン	304	米国	203
ブラジル	280	タイ	181
中国	266	インド	175
トルコ	210	日本	174
カナダ	190	インドネシア	166
豪州	177	ロシア	148
南アフリカ	161	マレーシア	123
メキシコ	154	ブラジル	121
韓国	115	EU	101
パキスタン	110	ベトナム	89
その他	798	その他	1,313
計	4,553	計	4,553

日本に対する不当廉売関税の件数

主な発動国	
中国	44
インド	33
米国	30
韓国	18
豪州	8
EU	8
アルゼンチン	5
カナダ	5
メキシコ	4
その他	19
計	174

Column 2

HSについて

　HS（統一システム）は「Harmonized Commodity Description and Coding System」の略であり、WCO（世界税関機構）が管理する「商品の名称及び分類についての統一システムに関する国際条約」（HS条約）の附属書に定める品目表のことをいい、関税率の設定や貿易統計のためのデータ収集のほか、貿易交渉、原産地規則、貿易管理等、多目的に利用されています。

　このHSの品目表は、部、類、項、号から構成され、あらゆる商品を6桁の番号により組織的・体系的に分類しており、HS条約加盟国は、自国の関税率表における品目表をHSに適合させることが義務付けられています。

　例として、生鮮のりんご（0808.10）の分類をみると、

　　第2部　植物性生産品

　　08類　食用の果実等

　　08.08項　りんご、梨及びマルメロ（生鮮のもの）

　　0808.10号　りんご

5 世界における発動実績 **21**

(注) HS条約は1988年1月に発効。HSの品目表は、技術革新による新規商品の登場、国際貿易の態様の変化、社会的要請その他分類の明確化に対応するため、おおむね5年ごとに改正が行われています（現在はHS2022）。現在、日本をはじめ160か国・地域及びEUが加盟し、非加盟国を含めて200か国・地域以上においてHSが適用されています。

Column 3

ガットからWTOへ

1930年代の不況後、世界経済のブロック化が進み各国が保護主義的貿易政策を設けたことが、第二次世界大戦の一因となったという反省から、1947年にガット（関税及び貿易に関する一般協定）が作成され、ガット体制が1948年に発足しました（日本は1955年に加入）。貿易における無差別原則（最恵国待遇、内国民待遇）等の基本的ルールを規定したガットは、多角的貿易体制の基礎を築き、貿易の自由化の促進を通じて日本経済を含む世界経済の成長に貢献してきました。

ガットは国際機関ではなく、暫定的な組織として運営されてきました。しかし、1986年に開始されたウルグアイ・ラウンド交渉において、貿易ルールの大幅な拡充が行われるとともに、これらを運営するため、より強固な基盤をもつ国際機関を設立する必要性が強く認識されるようになり、1994年のウルグアイ・ラウンド交渉の妥結の際にWTO（世界貿易機関：World Trade Organization）の設立が合意されました。

WTOは、1995年1月1日に設立された国際機関であり、WTO協定（WTO設立協定及びその附属協定）は、貿易に関連する様々な国際ルールを定めています。WTOはこうした協定の実施・運用を行うと同時に新たな貿易課題への取り組みを行い、多角的貿易体制の中核を担っています。（現在の加盟国は166か国・地域）

なお、1947年に作成された「関税及び貿易に関する一般協定（通称：1947年のガット）」は、WTO協定附属書1Aの「1994年の関税及び貿易に関する一般協定（通称：1994年のガット）」の一部として新たに生まれ変わり、現在に至っています。

（出所：外務省ホームページを基に作成）

22 第1部 特殊関税制度

付録 経済安全保障と特殊関税

1．経済安全保障推進法

令和4年5月18日、「**経済施策を一体的に講ずることによる安全保障の確保の推進に関する法律**」(**経済安全保障推進法**) が公布されました。

この法律は、国際情勢の複雑化、社会経済構造の変化等に伴い、安全保障を確保するためには、経済活動に関して行われる国家及び国民の安全を害する行為を未然に防止する重要性が増大していることに鑑み、安全保障の確保に関する経済施策を総合的かつ効果的に推進するため、経済施策を一体的に講ずることによる安全保障の確保の推進に関する基本方針を策定するとともに、安全保障の確保に関する経済施策として、所要の制度を創設するものです。

具体的には、法制上の手当てが必要な喫緊の課題に対応するため、

(1) 重要物資の安定的な供給の確保

(2) 基幹インフラ役務の安定的な提供の確保

(3) 先端的な重要技術の開発支援

(4) 特許出願の非公開

に関する4つの制度を創設するものです。(法律は段階的に施行され、上記(1)については令和4年8月1日施行)

上記(1)の**重要物資の安定的な供給の確保に関する制度**については、国民の生存に必要不可欠な又は広く国民生活・経済活動が依拠している重要な物資について、**特定重要物資**として指定し、その安定供給確保に取り組む民間事業者等を支援することを通じて、特定重要物資の**サプライチェーンの強靱化**を図ることとされています。

特定重要物資として、抗菌性物質製剤、肥料、永久磁石、工作機械及び産業用ロボット、航空機の部品、半導体素子及び集積回路、蓄電池、クラウドプログラム、可燃性天然ガス、重要鉱物、船舶の部品、先端電子部品 (コンデンサー及びろ波器) の12物質が同法律施行令において指定されています。

(出所：内閣府ホームページを基に作成)

(注) 国民の生存に必要不可欠な若しくは広く国民生活若しくは経済活動が依拠している重要な物資 (プログラムを含む) 又はその生産に必要な原材料、部品、設備、機器、装置若しくはプログラム (「原材料等」という) について、外部に過度に依存し、又は依存するおそれがある場合において、外部から行われる行為により国家及び国民の安全を損なう事態を未然

に防止するため、当該物資若しくはその生産に必要な原材料等（「物資等」という）の生産基盤の整備、供給源の多様化、備蓄、生産技術の導入、開発若しくは改良その他の当該物資等の供給網を強靱化するための取組又は物資等の使用の合理化、代替となる物資の開発その他の当該物資等への依存を低減するための取組により、当該物資等の安定供給確保を図ることが特に必要と認められるときは、政令で、当該物資を「**特定重要物資**」として指定する。

2. 特定重要物資等に係る特殊関税の調査

　経済安全保障推進法の「第2章　特定重要物資の安定的な供給の確保」の「第5節　特定重要物資等に係る市場環境の整備」の**第30条（特定重要物資等に係る関税定率法との関係）**では、**主務大臣は、特定重要物資等について、一定の事実についての十分な証拠があると思料する場合において、外部から行われる行為により国家及び国民の安全を損なう事態を未然に防止するため必要があると認めるときは、不当廉売関税等の課税に係る調査を行うことを求めることができる**旨が規定されています。具体的には以下の3つの規定があります。
(注)「特定重要物資等」とは、特定重要物資又はその生産に必要な原材料等をいう。

　　「主務大臣」とは、特定重要物資等の生産、輸入又は販売の事業を所管する大臣をいう。

（不当廉売関税の調査）
　主務大臣は、その所管する産業のうち特定重要物資等に係るものについて、
①　不当廉売（関税定率法に規定する不当廉売をいう）された貨物の輸入の事実
②　当該輸入が本邦の産業（不当廉売された貨物と同種の物資を生産している本邦の産業に限る）に実質的な損害を与え、若しくは与えるおそれがあり、又は本邦の産業の確立を実質的に妨げる事実

についての十分な証拠があると思料する場合において、**外部から行われる行為により国家及び国民の安全を損なう事態を未然に防止するため必要があると認めるときは、**関税定率法に規定する不当廉売関税の課税に係る調査に関する事務を所掌する大臣に当該調査を行うことを求めることができます。

（相殺関税の調査）
　主務大臣は、その所管する産業のうち特定重要物資等に係るものについて、
①　外国において生産又は輸出について直接又は間接に補助金（関税定率法に規定する補助金をいう）の交付を受けた貨物の輸入の事実
②　当該輸入が本邦の産業（当該補助金の交付を受けた貨物と同種の物資を生産している本邦の産業に限る）に実質的な損害を与え、若しくは与え

るおそれがあり、又は本邦の産業の確立を実質的に妨げる事実についての十分な証拠があると思料する場合において、**外部から行われる行為により国家及び国民の安全を損なう事態を未然に防止するため必要があると認めるとき**は、関税定率法に規定する相殺関税の課税に係る調査に関する事務を所掌する大臣に当該調査を行うことを求めることができます。

（緊急関税の調査）

主務大臣は、その所管する産業のうち特定重要物資等に係るものについて、

① 外国における価格の低落その他予想されなかった事情の変化による特定の種類の貨物の輸入の増加（本邦の国内総生産量に対する比率の増加を含む）の事実

② 当該貨物の輸入がこれと同種の物資その他用途が直接競合する物資の生産に関する本邦の産業に重大な損害を与え、又は与えるおそれがある事実

についての十分な証拠があると思料する場合において、**外部から行われる行為により国家及び国民の安全を損なう事態を未然に防止するため必要があると認めるとき**は、政令で定めるところにより、関税定率法に規定する緊急関税の課税に係る調査に関する事務を所掌する大臣に当該調査を行うことを求めることができます。

主務大臣は、上記の調査の求めをするときは、財務大臣に対し、調査を開始するか否かを判断するために必要な証拠を提出します。この場合において、その証拠の全部又は一部を秘密として取り扱うことを求めるときは、併せて、その旨及びその理由を記載した書面を提出しなければなりません。

主務大臣は、上記の調査の求めをした場合であって、当該調査を開始することが決定したときは、当該求めをした旨及びその求めに係る事実の概要を公表します。

第2部
不当廉売関税の実務

26　第2部　不当廉売関税の実務

　不当廉売関税とは、第1部で述べたとおり、「不当廉売（ダンピング）された貨物の輸入により、その輸入貨物と同種の貨物を生産する国内産業に実質的な損害等が生じている場合において、国内産業を保護するため必要があると認められるときに課される割増の関税」です。

　第2部では、不当廉売関税制度について、課税要件、課税開始までの一連の手続の流れ（課税申請、調査開始から仮の決定、暫定措置の発動、重要事実の開示、最終決定）、課税期間の延長等を詳細に説明します。

1　課税要件

　不当廉売関税は、

（1）**不当廉売された貨物の輸入の事実**

（2）**当該輸入が同種の貨物を生産している本邦の産業に与える実質的な損害等の事実**

がある場合において、当該本邦の産業を保護するため必要があると認められるときに課すことができます（**図表2−1**参照）。

　以下、(1)及び(2)の課税要件について詳細に説明します。

（1）不当廉売された貨物の輸入の事実

イ　不当廉売

　不当廉売とは、貨物を、輸出国における国内販売価格等（正常価格）より低い価格で輸出のために販売することをいいます。このように**不当廉売された貨物が本邦に輸入された事実**があることが課税要件の一つとなっています。

ロ　正常価格

　正常価格とは、具体的には以下のとおりです。

（イ）正常価格の原則

　正常価格は、原則として、

①　「当該輸入貨物の供給国における消費に向けられる当該輸入貨物と同種の貨物の通常の商取引における価格」（**供給国での国内販売価格**）

とされています。

(注)供給国とは輸出国又は原産国をいう。

1 課税要件　27

図表2-1　不当廉売関税制度の基本

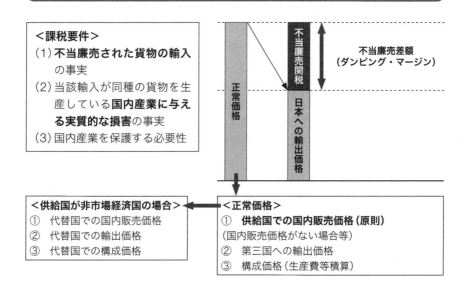

前記①の供給国での国内販売価格を用いることができない場合として、当該輸入貨物の供給国における消費に向けられる当該輸入貨物と同種の貨物の通常の商取引における価格がない場合、又は当該供給国の市場が特殊な状況にあるため若しくは当該供給国における当該輸入貨物と同種の貨物の販売量が少ないため当該供給国における消費に向けられる当該輸入貨物と同種の貨物の通常の商取引における価格を用いることが適当でないと認められる場合には、
正常価格として、
　②　「当該輸入貨物の供給国から本邦以外の国に輸出される当該輸入貨物と同種の貨物の輸出のための販売価格」（**第三国への輸出価格**）
　③　「当該輸入貨物の生産費に当該輸入貨物の原産国で生産された当該輸入貨物と同種の貨物に係る通常の利潤並びに管理費、販売経費及び一般的な経費の額を加えた価格」（**構成価格**）
のいずれかを用いることができます。

（ロ）非市場経済国に係る正常価格

中華人民共和国（香港地域及びマカオ地域を除く）を原産地とする特定の種類の輸入貨物について、当該輸入貨物の生産者が、当該輸入貨物と同種の貨物を生産している当該輸入貨物の原産国の産業において当該同種の貨物の**生産及び販売について市場経済の条件が浸透している事実**[注]**があることを明確に示す**ことができない場合には、

正常価格として、

① 「当該輸入貨物の供給国と比較可能な最も近い経済発展段階にある国における消費に向けられる当該輸入貨物と同種の貨物の通常の商取引における価格」（**代替国での国内販売価格**）

② 「当該供給国と比較可能な最も近い経済発展段階にある国から輸出される当該同種の貨物の輸出のための販売価格」（**代替国での輸出価格**）

③ 「当該輸入貨物の原産国と比較可能な最も近い経済発展段階にある国における当該同種の貨物の生産費に当該同種の貨物に係る通常の利潤並びに管理費、販売経費及び一般的な経費の額を加えた価格」（**代替国での構成価格**）

のいずれかを用いることができます。

(注) 生産及び販売について市場経済の条件が浸透している事実には、次の事実が含まれる。

① 価格、費用、生産、販売及び投資に関する生産者の決定が市場原理に基づき行われており、これらの決定に対する政府（中央政府、地方政府、公的機関）の重大な介入がない事実

② 主要な投入財（原材料等）の費用が市場価格を反映している事実

③ 労使間の自由な交渉により労働者の賃金が決定されている事実

④ 生産手段の政府による所有又は管理が行われていない事実

⑤ その他（会計処理が国際会計基準又はそれに準じた形で適切に行われており、財務状況が非市場経済的な要因により歪められていない事実）

（ハ）必要な調整

正常価格は、当該輸入貨物の輸出のための販売価格との間の取引段階、取引数量その他価格の比較に影響を及ぼす条件の差異により生じた価格差につき必要な調整を行った後の価格とします。

1 課税要件 **29**

Column 4

不当廉売の意義について

「不当廉売関税制度」と「独占禁止法」とでは、不当廉売の意義が異なります。

不当廉売関税制度における不当廉売とは、貨物を、輸出国における消費に向けられる当該貨物と同種の貨物の通常の商取引における価格（**輸出国における国内販売価格**）等を正常価格とし、**その正常価格より低い価格で輸出のために販売する**ことをいいます《関税定率法第8条第1項》。

よって、原価割れの販売か否かに関係なく、課税要件を満たす場合には不当廉売関税を課すことができます。

（参考）WTOアンチダンピング協定2.1条

この協定の適用上、ある国から他の国へ輸出される産品の輸出価格が輸出国における消費に向けられる同種の産品の通常の商取引における比較可能な価格よりも低い場合には、当該輸出される産品は、ダンピングされるもの、すなわち、正常の価格よりも低い価額で他の国に導入されるものとみなす。

他方、独占禁止法における不当廉売とは、不公正な取引方法の一つとして、「正当な理由がないのに、商品又は役務をその**供給に要する費用を著しく下回る対価で継続して供給**することであつて、他の事業者の事業活動を困難にさせるおそれがあるもの」をいいます《独占禁止法第2条第9項第3号》。

なお、法定不当廉売を行った事業者が、過去10年以内に法定不当廉売を行ったとして行政処分を受けたことがあるなど一定の条件を満たす場合には、課徴金の納付を命じられる、とされています。（出所：公正取引委員会資料）

ハ　輸出のための販売価格の特例

当該輸入貨物につき輸出のための販売価格がない場合、又は当該輸入貨物の輸出者が当該輸入貨物の輸入者（本邦において当該輸入貨物を譲り受けた者を含む）と連合しているために当該輸入貨物の輸出のための販売価格を用いることが適当でないと認められる場合における当該輸入貨物の輸出のための販売価格は、当該輸入貨物の輸出者及び輸入者と連合していない者に対して国内において最初に販売される当該輸入貨物の国内販売価格（その国内販売価格が当該輸入貨物を原材料として生産がされた上販売される貨物に係る価格であるときは、当該国内販売価格から当該生産により付加された価額を控除して得られる価格）に基づき算出される価格とします。

また、輸出者と連合している輸入者による輸入された貨物の国内における販売が当該貨物の輸出のための販売価格及び正常価格より低い価格で行われる場

30 第2部 不当廉売関税の実務

合には、当該販売が不当廉売された貨物の輸入とみなされます。

（2）当該輸入が同種の貨物を生産している本邦の産業に与える実質的な損害等の事実

イ 本邦の産業に与える実質的な損害等の事実

不当廉売された貨物の輸入が**本邦の産業**（不当廉売された貨物と同種の貨物を生産している本邦の産業に限る）**に実質的な損害を与え、若しくは与えるおそれがあり、又は本邦の産業の確立を実質的に妨げる事実**（以下、「本邦の産業に与える実質的な損害等の事実」）があることが課税要件の一つとなっています。

ロ 本邦の産業

本邦の産業とは、当該輸入貨物と同種の貨物の本邦における総生産高に占める生産高の割合が相当の割合以上である本邦の生産者をいいます。

(注) 本邦の生産者には、次に掲げる関係を有する生産者は含まない。

* 当該輸入貨物の供給者又は輸入者を直接又は間接に支配している関係
* 当該輸入貨物の供給者又は輸入者により直接又は間接に支配されている関係
* 当該輸入貨物の供給者又は輸入者を直接又は間接に支配している第三者により直接又は間接に支配されている関係
* 当該輸入貨物の供給者又は輸入者と共同して同一の第三者を直接又は間接に支配している関係

また、課税の求めがあった日（課税の求めがない場合において調査を行うときは、当該調査を開始する日）の6か月前の日以後に当該輸入貨物を輸入（その輸入量が少量なものを除く）した生産者も含まない。

ただし、当該関係を有する生産者が、当該関係による影響がいずれの関係をも有しない他の生産者の行動と異なる行動をとらせるものでないことについての証拠を提出した場合、又は当該輸入貨物を輸入した生産者が、当該輸入貨物及びこれと同種の貨物に係る当該生産者の事業のうち主たる事業が当該輸入貨物と同種の貨物の本邦における生産であることについての証拠を提出した場合において、当該証拠によりその旨認められるときは、この限りでない。

不当廉売関税を課す場合には、①貨物、②当該貨物の**供給者又は供給国**、③**期間（5年以内に限る）を指定**し、当該指定された供給者又は供給国に係る当該指定された貨物で当該指定された期間内に輸入されるものにつき、関税定率法別表の税率による関税のほか、**当該貨物の正常価格と不当廉売価格との差額に相当する額**（以下、「不当廉売差額」）と同額以下の不当廉売関税を課すことがで

きます。

　以下、上記で指定された貨物を「**指定貨物**」、指定された期間を「**指定期間**」と
いいます。

2　不当廉売関税の発動手続（全体概要）

　不当廉売関税の発動までの手続の流れと所要期間について説明します。(**図表
２−２参照**)（手続の各項目の詳細は、後記３以降を参照）

(1) まず、不当廉売関税の課税を求めようとする者（申請者）は**課税の求め（申
請書）を財務大臣あてに提出**する必要があります（課税申請の要件は後述）。申
請を検討・準備する際には、必要に応じて、事前に調査当局に相談し、申請
要件、申請書及び添付書類の記載・作成等について問い合わせることができ
ます。
（調査当局について）
　　特殊関税制度（関税定率法）の所管は財務省であり、課税申請等の各種手続の窓口は財務
省の特殊関税調査室になっていますが、課税の可否を判断するための調査等は、財務省（特
殊関税調査室）、経済産業省（特殊関税等調査室）、調査対象貨物の産業所管省の３省が緊密
に連携して実施する体制がとられています。

(2) 課税申請が受理された場合には、原則として**２か月を目途**として、申請書
及び添付書類について、不当廉売された貨物の輸入の事実及び当該輸入の本
邦産業に与える実質的な損害等の事実について十分な証拠が示されているか
が審査され、**調査開始の可否が判断**されます。

(3) **調査開始が決定**された場合、調査は原則として**１年以内**に実施することと
されていますが、必要があるときは**最大６か月**の延長が可能です。調査対象
期間は、原則として、不当廉売された貨物の輸入の事実については１年間、
当該輸入の本邦産業に与える実質的な損害等の事実については３年間とされ
ています。

(4) 調査完了前においても、十分な証拠により、不当廉売された貨物の輸入の
事実及び当該輸入の本邦産業に与える実質的な損害等の事実を推定すること
ができ、本邦産業を保護するため必要があると認められるときは、**暫定的に**

図表2−2 不当廉売調査の流れ

* 国内生産者から課税申請があり、十分な証拠がある場合には調査開始(関係者に通知)
* 調査開始までに約2か月 ＋ 調査は1年以内(最大6か月延長可)
* 調査完了前に暫定的に不当廉売関税を課税すること(暫定措置)が可能

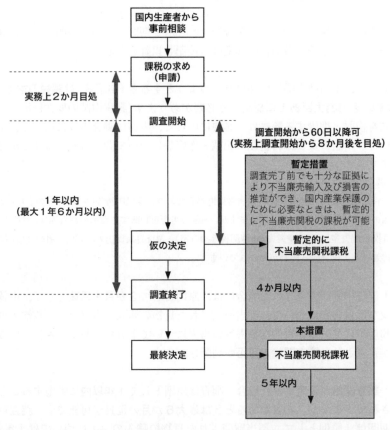

(注)不当廉売関税(暫定措置、本措置)を課税する際には「関税・外国為替等審議会」へ諮問・答申の上、発動政令を制定

不当廉売関税を課することができます。この暫定措置の発動により本邦産業の早期の保護や駆け込み輸入への対応ができます。(暫定措置は、調査開始から**60日以降**に可能となっていますが、運用上、調査開始から**8か月後を目途**に発動するとされています。暫定措置の期間は原則として**4か月以内**とされています。)

(5) 調査の結果、**課税要件を充足すると判断**された場合には、**5年以内**の期間において不当廉売関税を課することができます(**通常5年間課税**)。

3 課税申請(課税の求め)

(1) 課税申請

　本邦の産業に利害関係を有する者は、政府に対し、**不当廉売された貨物の輸入の事実及び当該輸入の本邦の産業に与える実質的な損害等の事実についての十分な証拠を提出し、当該貨物に対し不当廉売関税を課することを求めること**ができます(**図表2-3**参照)。

　「本邦の産業に利害関係を有する者」とは、次に掲げる者をいいます(**申請適格性**)(**図表2-4**参照)。

① **当該輸入貨物と同種の貨物の本邦の生産者又は当該貨物の本邦の生産者を直接若しくは間接の構成員とする団体**(以下、「**関係生産者等**」)(団体である関係生産者等にあっては、その直接又は間接の構成員のうち2以上の者が当該貨物の本邦の生産者であるものに限る)**であって、当該生産者又は当該団体の直接若しくは間接の構成員である当該生産者の当該貨物の本邦における生産高の合計が当該貨物の本邦における総生産高の4分の1以上の割合を占めるもの**

② 当該輸入貨物と同種の貨物の本邦における生産に従事する者を直接又は間接の構成員とする労働組合 (以下、「関係労働組合」という) であって、その直接又は間接の構成員のうち当該生産に従事する者の合計が当該生産に従事する者の総数の4分の1以上の割合を占めるもの

(注) 前記1 (2) ロ (注) において本邦の生産者には含まないとされる生産者及び当該生産者の当該輸入貨物と同種の貨物の本邦における生産高は、前記3 (1) ①の本邦の生産者及び総生産高には含まないものとし、また、前記1 (2) ロ (注) において本邦の生産者には含まないとされる生産者の当該貨物の生産に従事する者は、前記3 (1) ②の従事する者には

図表2-3 課税申請

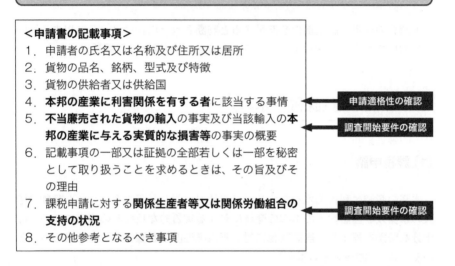

含まないものとする。

　また、課税申請が国内生産者に支持されていること（**国内支持の状況**）が要件とされています。具体的には、**支持する生産者（申請者を含む）が反対する生産者を上回っていること**（生産高ベースで比較）が必要となります。

(2) 課税申請書と証拠

　政府に対し不当廉売関税を課することを求めようとする者（申請者）は、次に掲げる事項を記載した書面に、不当廉売された貨物の輸入の事実及び当該輸入の本邦の産業に与える実質的な損害等の事実についての十分な証拠を添えて、これを財務大臣に提出しなければなりません。
　一　当該申請者の氏名又は名称及び住所又は居所
　二　当該貨物の品名、銘柄、型式及び特徴
　三　当該貨物の供給者又は供給国
　四　本邦の産業に利害関係を有する者に該当する事情

図表2−4　申請適格・支持の状況

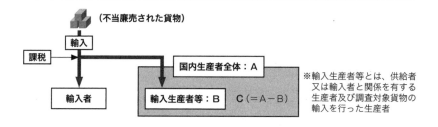

五　不当廉売された貨物の輸入の事実及び当該輸入の本邦の産業に与える実質的な損害等の事実の概要
六　提出に係る書面に記載された事項の一部又は証拠の全部若しくは一部（以下、「証拠等」）を秘密として取り扱うことを求めるときは、その旨及びその理由
七　当該申請者の課税の求めに対する関係生産者等又は関係労働組合の支持の状況
八　その他参考となるべき事項

(注) 申請書の作成に際しては、財務省ホームページ掲載の「不当廉売関税（アンチダンピング関税）を課することを求める書類の作成の手引き」を参照。

(同種の貨物について)（図表2−5参照）
　不当廉売関税は、不当廉売された貨物の輸入が同種の貨物を生産する本邦の産業に与える実質的な損害等の事実がある場合に課すことができるものであること等から、この同種の貨物の範囲は、申請適格性の判断、不当廉売差額の算定、損害の認定等に影響を与えるものであり、重要なものとなります。よって、課税申請の際には課税を求める**輸入貨物（品名、銘柄、型式及び特徴）を的確に**

36　第2部　不当廉売関税の実務

図表2-5　同種の貨物

＊　次のような点に影響を与えるため、何が「同種の貨物（産品）」にあたるのかが重要
　　・申請適格等の有無の判断
　　・不当廉売差額（ダンピング・マージン）の算定
　　・損害認定
＊　課税申請時には、課税を求める輸入貨物を可能な限り詳細に定義付けることが必要

＜同種の貨物（産品）とは＞
「同一の産品、すなわち、検討の対象となる産品と**すべての点で同じである産品**又は、そのような産品がない場合には、すべての点で同じではないが当該産品と**極めて類似した性質を有する他の産品**」
（WTOアンチダンピング協定）

➡ ＜実際の運用＞
　　次のような点を考慮しつつ、ケース・バイ・ケースで判断される。
　　＊物理的・化学的特性
　　＊用途
　　＊販売経路・流通経路
　　＊代替可能性
　　＊製造方法
　　＊原料
　　＊関税分類（関税率表上の区分）
　　＊仕様
　　＊品質　等

特定するとともに、同種の貨物については、物理的・化学的特性、用途、代替可能性等を踏まえ適切に**判断**する必要があります。

（3）証拠等の秘密扱い

　前記（2）で提出された証拠等で秘密として取り扱うことを適当と認めるもの（以下、「秘密証拠等」）があるときは、財務大臣は当該証拠等を提出した者に対し、当該秘密証拠等についての秘密として取り扱うことを要しない要約を記載した書面の提出を求めます。
　秘密として取り扱うことを要しない要約を記載した書面の提出を求められた者は、秘密証拠等についての要約をすることができないと考えるときは、その旨及びその理由を記載した書面を財務大臣に提出しなければなりません。
　秘密証拠等に係る書面の提出を求められた者が書面の提出をしない場合又は当該提出を求められた者が提出した書面の内容が適当でないと認める場合に

は、財務大臣は当該秘密証拠等を調べないものとすることができます。

　提出された証拠等のうち当該証拠等を提出した者から秘密として取り扱うことが求められたものについて、秘密として取り扱うことが適当でないと認める場合には、財務大臣は当該証拠等を提出した者に対し、速やかに、その旨及びその理由を通知します。この場合において、当該証拠等を提出した者が秘密として取り扱うことの求めを撤回せず、かつ、当該証拠等についての適当と認められる要約を記載した書面を提出しないときは、財務大臣は当該秘密として取り扱うことが求められた証拠等を調べないものとすることができます。

　提出された証拠等を調べないものとしたときは、財務大臣は速やかに、その旨及びその理由を当該証拠等を提出した者に対し書面により通知します。

4　調査

　政府は、課税の求めがあつた場合その他不当廉売された貨物の輸入の事実及び当該輸入の本邦の産業に与える実質的な損害等の事実についての十分な証拠がある場合において、必要があると認めるときは、これらの事実の有無につき調査を行います。

(1) 調査に関する協議等

　財務大臣、本邦の産業を所管する大臣 (以下、「産業所管大臣」) 及び経済産業大臣は、調査を開始する必要があると認めるときは、相互にその旨を通知します。

　この場合において、財務大臣、産業所管大臣及び経済産業大臣は、調査 (調査の結果の取扱いを含む) 及び申出に係る約束に関し常に緊密な連絡 (提出された書面の写しの財務大臣による産業所管大臣及び経済産業大臣に対する送付を含む) を保つとともに、これらに関する重要事項について協議の上定めます。

(2) 調査の開始の通知等

　調査を開始することが**決定されたときは**、財務大臣は速やかに、その旨及び次に掲げる事項を**直接の利害関係人 (**当該調査に係る貨物の**供給者又はその団体〔**その直接又は間接の構成員の過半数が当該調査に係る貨物の供給者である団体に限る〕及び当該調査に係る貨物の**輸入者又はその団体〔**その直接又は間接

の構成員の過半数が当該調査に係る貨物の輸入者である団体に限る〕並びに当該調査に係る**申請者**並びにこれらの者以外の者であって財務大臣が当該調査に特に利害関係を有すると認める者をいう）と認められる者に対し**書面により通知**するとともに、**官報で告示**します。

　一　当該申請者の氏名又は名称及び住所又は居所
　二　当該調査に係る貨物の品名、銘柄、型式及び特徴
　三　当該調査に係る貨物の供給者又は供給国
　四　当該調査を開始する年月日
　五　当該調査の対象となる期間
　六　当該調査の対象となる事項の概要
　七　証拠の提出及び証言、証拠等の閲覧、対質の申出、意見の表明並びに情報の提供についてのそれぞれの期限
　八　その他参考となるべき事項

　直接の利害関係人に対し通知する場合には、財務大臣は申請者を除く直接の利害関係人に対し、上記の書面に、申請者から提出された書面及び証拠（その性質上秘密として取り扱うことが適当であると認められる部分及び申請者により秘密の情報として提供された部分を除く）の写しを併せて送付します。

　課税の求めがあった場合において、調査を開始しないことが決定されたときは、財務大臣は速やかに、その旨及びその理由を申請者に対し書面により通知します。

　利害関係者等の構成概要は**図表２－６**のとおりであり、利害関係者等は、不当廉売関税の調査手続に関与（後記（3）～（8）：証拠の提出又は証言、証拠等の閲覧、対質、意見の表明、情報提供）することができます。（**図表２－７、図表２－８、図表２－９**参照）

(3) 証拠の提出又は証言

　調査が開始された場合において、**利害関係者**（直接の利害関係人並びに関係生産者等〔団体である関係生産者等にあっては、その直接又は間接の構成員の過半数が当該貨物の本邦の生産者であるものに限る〕及び関係労働組合〔その直接又は間接の構成員の過半数が当該輸入貨物と同種の貨物の本邦における生産に従事する者である労働組合に限る〕であって直接の利害関係人以外のものをいう）は、調査開始の際に通知又は告示された期限（前記（2）七）までに、不当廉売された貨物の輸入の事実及び当該輸入の本邦の産業に与える実質的な損害等の事実に関し、財務大臣に対し、**証拠を提出し又は証言**をすることができます。

図表2-6　利害関係者等の構成要素

			調査手続との関係
利害関係者	直接の利害関係人	**申請者 (本邦の産業に利害関係を有する者)** ＊輸入貨物と同種の貨物の本邦の生産者又は本邦の生産者を直接若しくは間接の構成員とする団体 (以下「関係生産者等」)(団体である関係生産者等にあっては、その直接又は間接の構成員のうち2以上の者が当該貨物の本邦の生産者であるものに限る)であって、本邦における生産高の合計が本邦における総生産高の4分の1以上の割合を占めるもの ＊輸入貨物と同種の貨物の本邦における生産に従事する者を直接又は間接の構成員とする労働組合 (以下「関係労働組合」)であって、その構成員のうち当該生産に従事する者の合計が当該生産に従事する者の総数の4分の1以上の割合を占めるもの	＊調査開始等の通知 ＊証拠の提出又は証言 ＊証拠等の閲覧 ＊対質 ＊意見の表明
		供給者又はその団体(その直接又は間接の構成員の過半数が当該調査に係る貨物の供給者である団体に限る)	
		輸入者又はその団体(その直接又は間接の構成員の過半数が当該調査に係る貨物の輸入者である団体に限る)	
		財務大臣が当該調査に特に利害関係を有すると認める者	
	関係生産者等及び関係労働組合(直接の利害関係人以外のもの) ＊関係生産者等 (団体である関係生産者等にあっては、その直接又は間接の構成員の過半数が当該貨物の本邦の生産者であるものに限る) ＊関係労働組合 (その直接又は間接の構成員の過半数が当該貨物の本邦における生産に従事する者である労働組合に限る)		＊証拠の提出又は証言 ＊証拠等の閲覧 ＊対質 ＊意見の表明
産業上の使用者			＊意見の表明
主要な消費者の団体(当該貨物が小売に供されている場合に限る)			＊情報の提供

　この場合において、証拠を提出し又は証言をしようとする者は、証拠又は証言により証明しようとする事実並びに当該証拠又は証言を秘密として取り扱うことを求めるときはその旨及びその理由を記載した書面を提出しなければなりません。

　調査の期間中必要があると認めるときは、財務大臣は利害関係者に対し、不当廉売された貨物の輸入の事実及び当該輸入の本邦の産業に与える実質的な損害等の事実に関し、証拠を提出し又は証言をすることを求めることができます。

　この場合において、証拠を提出し又は証言をしようとする者は、当該証拠又は証言を秘密として取り扱うことを求めるときは、その旨及びその理由を記載した書面を提出しなければなりません。

　利害関係者から証言の求めがあった場合又は利害関係者に証言を求める場合は、財務大臣は、証言の聴取の日時及び場所その他証言の聴取のために必要な事項を当該利害関係者に対し書面により通知します。

図表2−7　利害関係者等

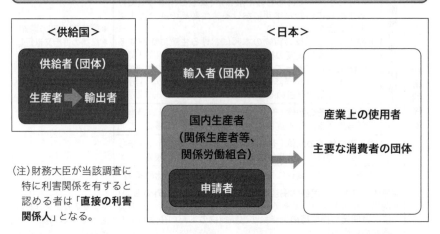

財務大臣が利害関係者に対し証拠又は証言を求めた場合には、仮の決定（後述）（当該証拠又は証言を求める前に行われたものを除く）及び不当廉売関税を課するかどうかの最終決定は、当該証拠又は証言が提出された後にします。ただし、当該利害関係者が相当な期間内に当該証拠又は証言を提供しない場合は、この限りでありません。

以上により提出された証拠又はなされた証言についても、前記3（3）と同様に証拠等の秘密扱いが適用されます。

（4）中華人民共和国を原産地とする特定の種類の輸入貨物の生産者による証拠の提出等

中華人民共和国を原産地とする特定の種類の輸入貨物に対する調査が開始された場合においては、前記（3）によるほか、当該輸入貨物の生産者は、調査開始の際に通知又は告示された期限（前記（2）七）までに、特定貨物の生産及び販売について市場経済の条件が浸透している事実に関し、財務大臣に対し、証拠を提出し又は証言をすることができます。

この場合において、証拠を提出し又は証言をしようとする者は、証拠又は証

4　調査　41

図表2−8　利害関係者等の手続

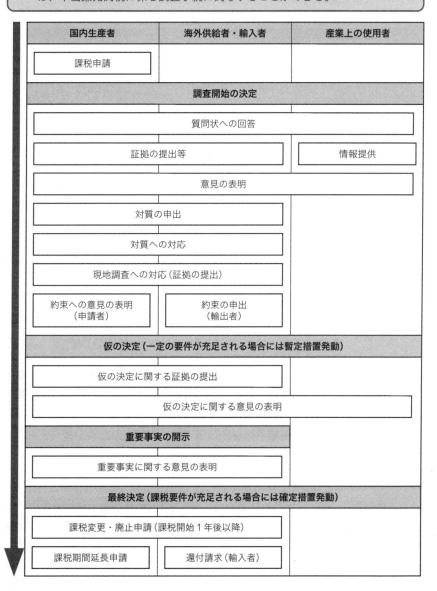

42 第2部 不当廉売関税の実務

図表2−9 利害関係者の手続

	申請者側の主な手続		海外供給者・輸入者側の主な手続
申請準備	＊不当廉売の証拠収集 ＊損害の証拠収集 ＊申請適格性の証拠収集 ＊申請書の作成	調査	＊不当廉売の反証のための証拠収集 ＊質問状への回答 ＊対質（申請者への求め、申請者からの求めへの対応） ＊価格約束 ＊調査当局による実地調査
申請	＊申請書・証拠の提出		
調査	＊質問状への回答 ＊対質（供給者等への求め、供給者等からの求めへの対応） ＊調査当局による実地調査		
発動後	＊課税期間延長の求め ＊事情変更による見直し調査の求め ＊WTO紛争解決手続移行時の対応協力	発動後	＊事情変更による見直し調査の求め ＊新規供給者の申出 ＊還付請求（輸入者のみ） ＊WTO紛争解決手続移行時の対応協力

言により証明しようとする事実並びに当該証拠又は証言を秘密として取り扱うことを求めるときはその旨及びその理由を記載した書面を提出しなければなりません。

　調査の期間中必要があると認めるときは、財務大臣は当該生産者に対し、特定貨物の生産及び販売について市場経済の条件が浸透している事実に関し、証拠を提出し又は証言をすることを求めることができます。

　この場合において、証拠を提出し又は証言をしようとする者は、当該証拠又は証言を秘密として取り扱うことを求めるときは、その旨及びその理由を記載した書面を提出しなければなりません。

　当該生産者から証言の求めがあった場合又は当該生産者に証言を求める場合は、財務大臣は、証言の聴取の日時及び場所その他証言の聴取のために必要な事項を当該生産者に対し書面により通知します。

　以上により提出された証拠又はなされた証言についても、前記3（3）と同様に証拠等の秘密扱いが適用されます。

（知ることができた事実）

　不当廉売関税の調査において、調査当局は、正常価格及び輸出価格を算出するため、海外供給者（生産者及び輸出者）に対して質問状を送付し、取引価格データの提出を求めるとともに、提出されたデータが正しいか否か、現地の会社に赴いて確認を行うなどします。しかし、海外供給者が妥当な期間内に必要な情報の入手を許さず若しくは提供しない場合又は調査を著しく妨げる場合（例え

ば、妥当な期間内に質問状への適切な回答を提出しない、実地調査に応じない、証拠書類の提示に応じない等）には、調査当局は、当該海外供給者のデータではなく、調査当局が知ることができた事実（ファクツ・アヴェイラブル）に基づいて決定することができるとされています。この場合には、通常、調査当局が入手することができる公的な統計資料、公表資料、課税申請書に記載された事実、他の利害関係者から入手した情報等を利用することとなります。

(5) 証拠等の閲覧

調査が開始された場合において、財務大臣は、調査開始の際に通知又は告示された期限（前記 (2) 七）まで、
* 前記 1 (2) ロ (注) により提出された証拠 (本邦の産業から除外される本邦の生産者ではないことについての証拠)
* 前記 3 (2) により申請者から提出された書面若しくは証拠
* 前記 4 (3) により利害関係者から若しくは前記 4 (4) により中華人民共和国の生産者から提出された証拠若しくはなされた証言を録取した書面若しくはその他の証拠 (その性質上秘密として取り扱うことが適当であると認められる書面及び証拠並びに利害関係者により秘密の情報として提供された書面及び証拠並びに秘密の情報としてされた証言を録取した書面を除く)
* 前記 3 (3)、4 (3)、4 (4) により証拠等の秘密扱いに関して提出された書面
を**利害関係者に対して閲覧**させます。

証拠等の閲覧をしようとする者は、閲覧をしようとする証拠等の標目及び利害関係者に該当する事情を記載した書面を財務大臣に提出しなければなりません。

(6) 対質

調査が開始された場合において、当該調査の対象となっている事項に関し**意見が相反する利害関係者との対質を求めようとする利害関係者**は、調査開始の際に通知又は告示された期限（前記 (2) 七）までに、利害関係者に該当する事情、対質の相手方の氏名又は名称及び住所又は居所並びに対質により明らかにすべき事実を記載した書面を財務大臣に提出しなければなりません。

対質を求められた利害関係者の同意が得られた場合は、財務大臣は当該対質の機会を与えるものとし、あらかじめ、対質の当事者の氏名又は名称及び住所

44 第2部 不当廉売関税の実務

又は居所、対質により明らかにすべき事実並びに対質を行う日時及び場所その他対質を行うため必要な事項を当事者に対し書面により通知します。

上記の通知を受けた対質の当事者は、当該通知に示された対質により明らかにすべき事実に関して当該対質において表明する意見を記載した書面及び相手方の数と同数の当該書面の写しを、当該対質を行う日の10日前までに、財務大臣に提出しなければなりません。この場合において、財務大臣は、速やかに、当該提出された書面の写しを対質の相手方に送付します。

(7) 意見の表明

調査が開始された場合において、**利害関係者**、当該調査に係る貨物の**産業上の使用者**又は当該貨物の**主要な消費者の団体**は、調査開始の際に通知又は告示された期限（前記 (2) 七）までに、当該調査に関し、財務大臣に対し、書面により**意見を表明**することができます。

ただし、主要な消費者の団体が意見を表明することができるのは、当該貨物が小売に供されている場合に限ります。

財務大臣は、調査の期間中必要があると認めるときは、利害関係者、当該調査に係る貨物の産業上の使用者又は当該貨物の主要な消費者の団体に対し、当該調査に関し、書面による意見の表明を求めることができます。

(8) 産業上の使用者及び消費者団体の情報提供

調査が開始された場合において、当該調査に係る貨物の**産業上の使用者**又は当該貨物の**主要な消費者の団体**は、調査開始の際に通知又は告示された期限（前記 (2) 七）までに、当該調査の対象となっている事項に関する**情報**を財務大臣に対し書面により**提供**することができます。

ただし、主要な消費者の団体が情報を提供することができるのは、当該貨物が小売に供されている場合に限ります。

財務大臣は、調査の期間中必要があると認めるときは、当該調査に係る貨物の産業上の使用者又は当該貨物の主要な消費者の団体に対し、当該調査の対象となっている事項に関する情報を書面により提供することを求めることができます。

(9) 調査の期間の延長

調査は、当該調査を開始した日から**1年以内に終了**するものとされています。

ただし、特別の理由により必要があると認められる場合には、その期間を**6か月以内に限り延長**することができます。

　財務大臣は、調査の期間を延長することが決定されたときは、速やかに、その旨、延長される調査の期間及び延長の理由を直接の利害関係人に対し書面により通知するとともに、官報で告示します。

5　暫定措置

(1) 暫定措置

　政府は、調査が開始された日から60日を経過する日以後において、その調査の完了前においても、十分な証拠により、**不当廉売された貨物の輸入の事実及び当該輸入の本邦の産業に与える実質的な損害等の事実を推定**することができ、当該本邦の産業を保護するため必要があると認められるときは、①**貨物**、②当該貨物の**供給者又は供給国**、③**期間**（9月以内で政令で定める期間内に限る）**を指定**し、当該指定された供給者又は供給国に係る当該指定された貨物で当該指定された期間内に輸入されるものにつき、当該貨物を輸入しようとする者に対し、次のいずれかの措置をとることができます。

　　①　当該貨物の正常価格と推定される価格と不当廉売価格と推定される価格との差額に相当する額と同額以下の**暫定的な関税を課すること**

　　②　不当廉売関税を保全するため、①の暫定的な関税の額に相当する額を保証する担保の提供を命ずること

(2) 仮の決定の通知等

　調査が開始された場合において、不当廉売された貨物の輸入の事実及び当該輸入の本邦の産業に与える実質的な損害等の事実を推定することについての決定がされたときは、財務大臣は、その旨及び当該**決定の基礎となった事実を直接の利害関係人に対し書面で通知**するとともに、**官報で告示**します。

(3) 暫定措置の期間

　暫定措置をとることができる期間は、法律では9月以内で政令で定める期間内に限るとされており、政令では**4か月以内の期間**とされています。

ただし、次のいずれかに該当する場合は6か月以内の期間とし、また、次のいずれにも該当する場合は9か月以内の期間とされています。

① 不当廉売差額に満たない不当廉売関税を課することについて検討する旨が明らかにされる場合

② 暫定措置がとられる貨物の輸出者（当該貨物に占める当該輸出者に係る貨物の割合が相当の割合以上である輸出者に限る）が、あらかじめ暫定措置の期間として4か月を超える期間を求めた場合

なお、前記②の輸出者は、当該貨物に係る暫定措置の期間として4か月を超える期間を求めようとする場合には、その旨及びその理由を記載した書面を、調査が開始された日から60日を経過する日より前に、財務大臣に提出しなければなりません。

6 損害の認定

本邦の産業に与える実質的な損害等とは、不当廉売された貨物の輸入が国内産業に実質的な損害を与えていること若しくは実質的な損害を与えるおそれがあること又は国内産業の確立を実質的に妨げることをいいます。

本邦の産業に与える実質的な損害等の事実の認定については、ダンピング輸入の量及びダンピング輸入が国内市場価格に及ぼす影響並びにダンピング輸入が国内生産者に結果として及ぼす影響についての客観的な検討に基づいて判断されます（**図表2−10**参照）。

ダンピング輸入が国内生産者に結果として及ぼす影響については、販売、利潤、生産高、市場占拠率、生産性、投資収益、操業度、資金流出入、在庫、雇用、賃金、成長、資本調達能力、投資、国内価格に影響を及ぼす要因、ダンピングの価格差の大きさといったさまざまな要因・指標により評価されます（調査対象期間は原則として直近の過去3年間）。

また、不当廉売された貨物の輸入と本邦の産業に与える実質的な損害等との間に因果関係が必要であり、ダンピング輸入以外の要因による国内産業に対する損害の責めを、ダンピング輸入に帰してはなりません。例えば、ダンピング価格によることなく販売されている貨物の輸入量が増加している場合、そもそも国内における需要が減少している場合、消費態様の変化や技術の進歩がある場合などで国内産業の業績が悪化しているとき、その責めをダンピング輸入に帰してはなりません（**図表2−11**参照）。

図表2−10　損害の認定

* 「本邦の産業に与える実質的な損害等の事実」の調査対象期間は、原則として**3年間**
* 損害の認定は、同期間における①**ダンピング輸入の量**及び②**ダンピング輸入が国内市場価格に及ぼす影響**並びに③**ダンピング輸入が国内生産者に結果として及ぼす影響**による。

「本邦の産業に与える実質的な損害等」とは、

不当廉売された貨物の輸入が
① 国内産業に実質的な損害を与えること
② 国内産業に実質的な損害を与えるおそれがあること
③ 国内産業の確立を実質的に妨げること

損害の認定は、調査期間における、以下の項目の客観的な検討に基づいて行われる。

① ダンピング輸入の量
② ダンピング輸入が国内市場価格に及ぼす影響
③ ダンピング輸入が国内生産者に結果として及ぼす影響
　➡次の要因・指標の評価を含めて検討
　　＊販売、利潤、生産高、市場占拠率、生産性、投資収益、操業度
　　　…現実の及び潜在的な低下
　　＊資金流出入、在庫、雇用、賃金、成長、資本調達能力、投資
　　　…現実の及び潜在的な悪影響
　　＊国内価格に影響を及ぼす要因、ダンピングの価格差の大きさ

7　不当廉売関税に係る申請の種類

　不当廉売関税に係る申請の種類として、不当廉売関税の**新規の課税申請**のほかに、発動中の不当廉売関税の**課税期間の延長申請**（課税期間の終了後において不当廉売された貨物の輸入及び当該輸入の本邦の産業に与える実質的な損害等の事実が継続又は再発するおそれがある場合に、課税期間の終了日の1年前までに行うことができる）、不当廉売関税調査時に調査の対象になっていなかった**新規供給者による課税変更・廃止申請**、不当廉売関税調査時以降に生じた**事情の変更による課税変更・廃止申請**、**還付請求**があります（図表2−12参照）。
　不当廉売関税率は、調査対象期間（原則として直近の過去1年間）における調

図表2−11　因果関係

> *　不当廉売関税を発動するためには、不当廉売（ダンピング）された貨物の輸入が国内産業に実質的な損害等を与えているという**因果関係**があることが必要

因果関係は、

① ダンピング輸入の量
② ダンピング輸入が国内市場価格に及ぼす影響
③ ダンピング輸入が国内生産者に結果として及ぼす影響

により行われる。

次のような**ダンピング輸入以外の要因**による国内産業に対する損害の責めを、ダンピング輸入に帰してはならない。

（例）・ダンピング価格によることなく販売されている輸入の量及び価格
　　　・需要の減少又は消費態様の変化
　　　・外国の生産者及び国内生産者の制限的な商慣行
　　　・外国の生産者と国内生産者との間の競争
　　　・技術の進歩
　　　・国内産業の輸出実績及び生産性　　　　等

査結果に基づき決定されますが、いったん不当廉売関税が発動されると、原則としてその税率が課税期間（通常5年間）を通して適用されます。事後において事情の変更がある場合には、十分な証拠を提出して、税率変更又は廃止や還付を求めることが可能となっています。これらの申請又は請求が提出された場合には、調査当局が所要の調査を行って、税率変更又は廃止や還付の可否を判断することとなります。

　以下、後記8において課税期間の延長、後記9において不当廉売関税の変更又は廃止、後記10において新規供給者による変更又は廃止の求め、後記13において不当廉売関税の還付について説明します。

図表2−12　申請の種類

> *　本邦の産業に利害関係を有する者は、課税期間が満了する1年前までに、**課税期間の延長申請**を行うことができる。
>
> *　また、課税の前提となった事実に事情の変更がある場合には、課税貨物の供給者、輸入者等は、課税開始から1年後以降、**課税の変更又は廃止の申請**を行うことができる。

申請の種類	根拠法令： 関税定率法 第8条(不当廉売関税)	申請(請求)適格	申請(請求)期間
課税申請	第4項	本邦の産業に 利害関係を有する者	―
課税期間の延長申請	第26項	同上	課税期間の末日の 1年前まで
調査対象外供給者・新規供給者による課税変更・廃止申請	第12項	新規供給者	―
事情の変更による課税変更・廃止申請	第21項	①課税貨物の供給者 　又はその団体 ②課税貨物の輸入者 　又はその団体 ③本邦の産業に利害 　関係を有する者	課税期間の初日から1年を経過した日以後
還付請求	第32項	不当廉売関税を 納付した輸入者	請求をすることができる日から5年以内(消滅時効)

8　課税期間の延長

(1) 課税期間の延長

　不当廉売関税が課されている場合において、不当廉売された貨物の輸入及び当該輸入の本邦の産業に与える実質的な損害等の事実が**課税期間の満了後に継続し又は再発するおそれがあると認められるとき**は、**課税期間を延長**することができます。

50 第2部　不当廉売関税の実務

(2) 課税期間の延長の求め

　不当廉売関税が課されている貨物に係る本邦の産業に利害関係を有する者は、**課税期間の末日の1年前の日までに**、政府に対し、不当廉売された貨物の輸入及び当該輸入の本邦の産業に与える実質的な損害等の事実が課税期間の満了後に継続し又は再発するおそれがあることについての**十分な証拠を提出し**、**課税期間の延長を求める**ことができます。

(3) 調査の実施

　政府は、課税期間の延長の求めがあった場合その他不当廉売された貨物の輸入及び当該輸入の本邦の産業に与える実質的な損害等の事実が課税期間の満了後に継続し又は再発するおそれがあることについての十分な証拠がある場合において、必要があると認めるときは、**当該おそれの有無につき調査**を行います。

(4) 調査の期間の延長

　調査は、当該調査を開始した日から**1年以内に終了**するものとされています。ただし、特別の理由により必要があると認められる場合には、その期間を**6か月以内に限り延長**することができます。

　財務大臣は、調査の期間を延長することが決定されたときは、速やかに、その旨、延長される調査の期間及び延長の理由を直接の利害関係人に対し書面により通知するとともに、官報で告示します。

(5) 延長調査中における課税の継続

　延長に係る調査が開始された日から終了する日までの期間内に輸入される不当廉売関税の課税対象として指定された貨物については、当該貨物が不当廉売関税を課する期間として指定された期間（課税期間）内に輸入されたものとみなして不当廉売関税の課税の規定が適用されます。

　すなわち、延長に係る調査が当初の課税期間内に終了しなかった場合には、当初の課税期間を経過したとしても、延長に係る調査が終了するまでの期間においては不当廉売関税の課税が継続されます。

（6）延長することができる期間

　課税期間を延長する場合においてその延長することができる期間は、**調査が完了した日から5年以内に限る**ものとされています（**通常5年間**）。
　また、当該延長された期間を再度延長する場合においても、同様とされています。

9　不当廉売関税の変更又は廃止

（1）不当廉売関税の変更又は廃止

　指定貨物について次に掲げる事情の変更がある場合において、必要があると認められるときは、**不当廉売関税を変更**（**指定期間の変更を含む**）し、又は**廃止**することができます。
　不当廉売関税を変更する場合において、次に掲げる事情の変更のいずれをも勘案してその必要があると認められるときは、指定期間を延長することができます。
　　一　当該指定貨物に係る不当廉売についての事情の変更
　　二　当該指定貨物の輸入の本邦の産業に与える実質的な損害等の事実についての事情の変更

（2）変更・廃止の求め

　指定貨物の供給者若しくはその団体、輸入者若しくはその団体又は本邦の産業に利害関係を有する者は、指定期間の初日から**1年を経過した日以後**において、政府に対し、前記（1）の一又は二に掲げる事情の変更があることについての**十分な証拠を提出**し、不当廉売関税を**変更し又は廃止することを求める**ことができます。
　政府に対し当該不当廉売関税を変更し、又は廃止することを求めようとする者（申請者）は、次に掲げる事項を記載した書面に、前記（1）の一又は二に掲げる事情の変更があることについての十分な証拠を添えて、これを財務大臣に提出しなければなりません。
　　一　申請者の氏名又は名称及び住所又は居所

52　第2部　不当廉売関税の実務

　　二　不当廉売関税に係る指定貨物の品名、銘柄、型式及び特徴
　　三　不当廉売関税に係る指定貨物の供給者又は供給国
　　四　申請者が指定貨物の供給者若しくはその団体、輸入者若しくはその団体
　　　　又は本邦の産業に利害関係を有する者に該当する事情
　　五　前記(1)の一又は二に掲げる事情の変更の概要
　　六　提出に係る証拠等を秘密として取り扱うことを求めるときは、その旨及
　　　　びその理由
　　七　申請者が本邦の産業に利害関係を有する者である場合には、当該申請者
　　　　の変更又は廃止の求めに対する関係生産者等又は関係労働組合の支持の
　　　　状況
　　八　その他参考となるべき事項

(3) 調査の実施

　政府は、変更又は廃止の求めがあつた場合その他当該指定貨物に係る不当廉
売についての事情の変更又は当該指定貨物の輸入の本邦の産業に与える実質的
な損害等の事実についての事情の変更があることについての十分な証拠がある
場合において、必要があると認めるときは、**当該事情の変更の有無につき調査**
を行います。

(4) 調査期間

　調査は、当該調査を開始した日から**1年以内に終了**するものとされています。
ただし、特別の理由により必要があると認められる期間に限り、その期間を**延
長**することができます。

10　新規供給者による変更又は廃止の求め

(1) 新規供給者による変更又は廃止の求め

　新規供給者（供給国を指定して不当廉売関税が課される場合において、調査
の対象となる期間内に本邦に輸入された指定貨物の供給者及びこれと関係を有
する者[注]以外の供給者をいう）は、政府に対し、当該新規供給者に係る貨物に
課される不当廉売関税の額が当該貨物の現実の不当廉売差額と異なることに関

する事実についての十分な証拠を提出し、当該新規供給者に係る貨物に課される当該**不当廉売関税を変更し又は廃止することを求める**ことができます。

(注) 指定貨物の供給者と関係を有する者は次に掲げる者とする (すなわち、次に掲げる者は新規供給者にあたらない)。

　　一　当該供給者を直接又は間接に支配している者
　　二　当該供給者により直接又は間接に支配されている者
　　三　当該供給者を直接又は間接に支配している第三者により直接又は間接に支配されている者
　　四　当該供給者と共同して同一の第三者を直接又は間接に支配している者

　政府に対し不当廉売関税を変更し又は廃止することを求めようとする新規供給者 (申請者) は、次に掲げる事項を記載した書面に、当該申請者に係る貨物に課される当該不当廉売関税の額が当該貨物の現実の不当廉売差額と異なることに関する事実についての十分な証拠及び調査の対象となる期間内に本邦に輸入された指定貨物の供給者と関係を有しないことを誓約する書面を添えて、これを財務大臣に提出しなければなりません。

　　一　当該申請者の氏名又は名称及び住所又は居所
　　二　当該不当廉売関税に係る指定貨物の品名、銘柄、型式及び特徴
　　三　新規供給者に該当する事情
　　四　当該申請者に係る貨物に課される当該不当廉売関税の額が当該貨物の現実の不当廉売差額と異なることに関する事実の概要
　　五　提出に係る証拠等を秘密として取り扱うことを求めるときは、その旨及びその理由
　　六　その他参考となるべき事項

(2) 調査の実施

　前記 (1) の求めがあつた場合又は新規供給者に係る貨物に課される不当廉売関税の額が当該貨物の現実の不当廉売差額と異なることに関する事実についての十分な証拠があり必要があると認める場合は、政府は当該事実の有無につき調査を行います。

(3) 調査の期間の延長

　調査は、当該調査を開始した日から**1年以内において速やかに終了**するものとされています。ただし、特別の理由により必要があると認められる場合には、

54 第2部 不当廉売関税の実務

その期間を**6か月以内に限り延長**することができます。

調査の期間を延長することが決定されたときは、財務大臣は速やかに、その旨、延長される調査の期間及び延長の理由を直接の利害関係人に対し書面により通知するとともに、官報で告示します。

(4) 不当廉売関税を課さないこと又はその廃止

調査が開始されたときは、当該調査に係る新規供給者が輸出し又は生産する貨物で、当該調査が開始された日から終了する日までの期間内(調査期間内)に輸入されるものについては、不当廉売関税は**課されません**。

また、調査の結果、不当廉売関税を変更し又は継続する場合を除き、当該調査に係る新規供給者が輸出し又は生産する貨物に課される不当廉売関税は当該調査が開始された日から**廃止**されます。

(5) 不当廉売関税の変更又は継続

調査の結果、新規供給者に係る貨物について不当廉売差額が認められる場合は、期間(当該調査の開始の日から不当廉売関税の指定期間の末日までの期間内に限る)を指定し、当該指定された期間内に輸入される当該新規供給者に係る貨物について不当廉売関税を**変更し又は継続**することができます。

調査期間内に輸入された貨物について課される不当廉売関税は、当該不当廉売関税を課されることとなる貨物の輸入者が納める義務があり、当該不当廉売関税の額は、前記 (4) において課さないものとされた不当廉売関税の額に相当する額を限度とします。

(6) 担保の提供

政府は、不当廉売関税を変更し又は継続することとなる場合に調査期間内に輸入された貨物について課される当該変更又は継続された不当廉売関税を保全するため、調査に係る新規供給者が輸出し又は生産する貨物を調査期間内に輸入しようとする者に対し、当該貨物について課さないものとされる不当廉売関税の額に相当する額と同額以下の額を保証する担保の提供を命ずることができます。

(注)担保の提供の手続

　　財務大臣は、調査に係る新規供給者が輸出し又は生産する貨物について担保の提供を命ずることが決定されたときは、当該決定に係る新規供給者の氏名又は名称及び提供を命ず

る担保の額を税関長に通知し、税関長は、当該通知に基づき、当該貨物を当該調査に係る調査期間内に輸入しようとする者（輸入者）に対し、当該決定に係る担保の提供を命ずる。

ただし、税関長が、当該輸入者の資力を勘案して担保の提供を命ずる必要がないと認めるときは、この限りではありません。

(7) 担保の解除

調査が終了した場合において、不当廉売関税を廃止するときは、政府は提供された担保を速やかに解除しなければなりません。
また、提供された担保の額が変更された不当廉売関税の額を超える場合における当該超える部分の担保についても、同様です。

(注) 担保の解除の手続
税関長は、調査が終了した場合において、不当廉売関税を廃止することが決定されたときは、速やかに提供された担保を解除する手続をしなければならない。

また、不当廉売関税を変更することが決定された場合において、提供された担保の額が変更された不当廉売関税の額を超えるときは、税関長は速やかに提供された担保の額のうち当該超える部分の額に相当する額の担保を解除する手続をしなければなりません。

11　最終決定前の重要事実の開示

財務大臣は、不当廉売関税を課し、又は課される不当廉売関税を変更（課税期間の変更を含む）し、若しくは廃止するかどうかの決定までに相当な期間をおいて、**当該決定の基礎となる重要な事実を直接の利害関係人に対し書面により通知**します。

56 第2部 不当廉売関税の実務

12 最終決定

(1) 不当廉売関税を課することの通知等

イ 不当廉売関税を課すること、課される不当廉売関税を**変更（課税期間の変更を含む）**すること若しくは**廃止**すること若しくは**暫定措置をとる**ことが決定されたとき又は**課税期間が満了**したとき（課税期間の延長の調査が行われている場合を除く）は、財務大臣は速やかに、その旨及び次に掲げる事項を**直接の利害関係人に対し書面により通知**するとともに、**官報で告示**します。
 一 貨物の品名、銘柄、型式及び特徴
 二 貨物の供給者又は供給国
 三 課税期間（課される不当廉売関税を廃止するときは、当該廃止の期日を含む）
 四 調査により判明した事実及びこれにより得られた結論（課税期間が満了したときを除く）
 五 暫定措置がとられていた貨物等について不当廉売関税を課することが決定されたときは、その対象とされる貨物及びその決定の理由
 六 その他参考となるべき事項

ロ 調査の結果、**不当廉売関税を課さないこと**又は課される不当廉売関税を**変更（課税期間の変更を含む）しない**こと若しくは**廃止しない**ことが決定されたときは、財務大臣は速やかに、その旨及び次に掲げる事項を**直接の利害関係人に対し書面により通知**するとともに、**官報で告示**します。
 一 貨物の品名、銘柄、型式及び特徴
 二 貨物の供給者又は供給国
 三 当該調査により判明した事実及びこれにより得られた結論
 四 その他参考となるべき事項
 また、調査を取りやめることが決定された場合についても、同様に通知するとともに、官報で告示します。この場合において、前記三の「当該調査により判明した事実及びこれにより得られた結論」は、「当該調査を取りやめるまでに判明した事実及び当該調査を取りやめる理由」となります。

(2) 調査終了と還付

 政府は、調査が終了したときは、暫定措置がとられた貨物について不当廉売

関税を課する場合を除き、課された暫定的な関税又は提供された担保を速やかに還付し、又は解除します。

　課された暫定的な関税又は提供された担保の額が課される不当廉売関税の額を超える場合における当該超える部分の暫定的な関税又は担保についても、同様です。

(3) 関税・外国為替等審議会への諮問

　財務大臣は、調査の結果に基づき、
* 　不当廉売関税を課すること
* 　課される不当廉売関税を変更(課税期間の変更を含む)すること又は廃止すること
* 　暫定措置をとること
が必要であると認められるときは、速やかに、関税・外国為替等審議会に諮問します。

　関税・外国為替等審議会では、その下部機関である特殊関税部会において審議し、答申を決定し、その決定はそのまま同審議会の決定となります。

　同審議会の答申を受けて、発動政令を制定又は改正するとともに、前記 (1)により直接の利害関係人に対する通知等を行います。

13　不当廉売関税の還付

　不当廉売関税の税率は、調査対象期間における日本への輸出価格データ及び正常価格 (輸出国での国内販売価格等) データにより算出される不当廉売差額(ダンピング・マージン)に基づき設定されます。不当廉売関税が発動されると、原則として課税期間を通して同一の税率が適用されます。

　他方、実際の日本への輸出価格や正常価格は、その時々の状況で変動しうるものであり、輸入者が輸入時に納付した不当廉売関税の額が、現実の輸入時における不当廉売差額を超える場合も起こりえます。このような場合に対応するため、不当廉売関税の還付制度があります(**図表2－13**参照)。

(1) 還付の請求

　輸入者が納付した**不当廉売関税の額が現実の不当廉売差額を超える事実**があ

図表2-13 不当廉売関税の還付

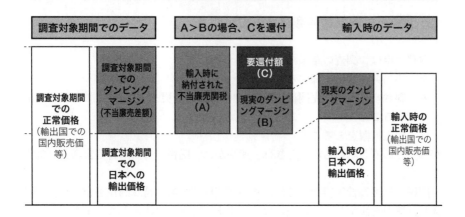

る場合には、輸入者は、政府に対し、当該事実についての**十分な証拠を提出**し、当該超える部分の額(要還付額)に相当する**不当廉売関税の還付の請求**をすることができます。

還付請求をしようとする輸入者は、還付を受けようとする不当廉売関税の額及びその計算の基礎を記載した還付請求書に、要還付額があることについての十分な証拠を添えて、これを貨物の輸入を許可した税関長に提出する必要があります。

還付の請求には、還付を受けようとする貨物の輸入許可書及び当該許可の際に不当廉売関税を納付したことを証明する書類が必要となるほか、現実の不当廉売差額を証明する資料(計算期間内における輸出国での国内販売価格等)が必要となります。

還付請求をすることのできる期間は、請求をすることができる日から5年以内とされています。また、還付の請求は、「不当廉売関税の個々の発動政令において定められる計算期間(通常1年)ごとに、当該計算期間内に輸入された貨物に係る要還付額に相当する額について」することとされています。

(2) 還付の調査

　還付の請求があった場合には、税関長は、提出された書面の写し及び証拠を財務大臣に送付します。政府は、**要還付額の有無その他必要な事項について調査**を行います。

(注) 財務大臣、産業所管大臣及び経済産業大臣は、調査 (調査の結果の取扱いを含む) に関し常に緊密な連絡 (提出された書面の写しの財務大臣による産業所管大臣及び経済産業大臣に対する送付を含む) を保つとともに、これらに関する重要事項について協議の上定めるものとする。

　調査は、還付の請求があった日から**1年以内に終了**するものとされています。ただし、特別の理由により必要があると認められる場合には、その期間を**6か月以内に限り延長**することができます。調査の期間を延長することが決定されたときは、速やかに、その旨、延長される調査の期間及び延長の理由を、請求をした輸入者に対し書面により通知します。

　調査が終了したときは、財務大臣は、その調査の結果を税関長に通知します。税関長は、当該通知に基づき、遅滞なく、その請求に係る金額を限度として不当廉売関税を還付し、又は請求の理由がない旨を書面によりその請求をした輸入者に通知します。

(注) 関税法第13条第2項から第7項まで (還付及び充当) の規定は、不当廉売関税を還付する場合について準用する。この場合において、同法第13条第2項に規定する還付加算金の計算の基礎となる同項の期間は、還付の請求があった日の翌日から起算するものとする。

14　約束

(1) 約束の申出

　不当廉売関税の課税の調査が開始された場合において、当該調査に係る貨物の輸出者は、政府に対し、当該貨物の不当廉売の本邦の産業に及ぼす有害な影響が除去されると認められる価格に当該貨物の価格を修正する旨の約束又は当該貨物の輸出を取りやめる旨の約束の申出をすることができます。

　当該調査に係る貨物の輸出者は、政府に対し約束の申出をしようとするときは、その旨、当該約束の申出の内容及び調査を完了させることを希望する場合

60 第2部　不当廉売関税の実務

にあってはその旨を記載した書面を財務大臣に提出しなければなりません。

(2) 約束の受諾

　前記(1)の約束の申出があった場合において、十分な証拠により、不当廉売された貨物の輸入の事実及び当該輸入の本邦の産業に与える実質的な損害等の事実を推定することができるときは、政府は、その約束（有効期間が5年以内のものに限る）を受諾することができます。政府が約束の申出を受諾したときは、政府は、当該約束に係る貨物の輸出者が不当廉売関税の調査を完了させることを希望する場合を除き、当該調査を取りやめることができます。

　なお、暫定措置がとられた貨物について、政府は、約束を受諾したときは、当該暫定措置を解除します。

　前記(1)の約束の申出について受諾がされたときは、財務大臣は、速やかに、その旨及び当該約束の内容（その性質上秘密として取り扱うことが適当であると認められる部分及び当該約束の申出をした輸出者により秘密の情報として提供された部分を除く）並びに当該調査を取りやめることが決定された場合にあってはその旨、その理由及び当該調査を取りやめる期日又は当該調査を継続することが決定された場合にあってはその旨を、直接の利害関係人に対し書面により通知するとともに、官報で告示します。

(3) 約束の受諾後の調査完了

　前記(1)の約束の申出について受諾がされた後、当該調査が完了した場合において、当該貨物の輸入につき、政府が、前述の事実（不当廉売された貨物の輸入の事実及び当該輸入の本邦の産業に与える実質的な損害等の事実）がある旨の認定をしたときは、受諾がされた約束は消滅しないものとされ、当該事実がない旨の認定をしたときは、当該約束は消滅するものとされます。ただし、当該事実がない旨の認定が主として当該約束があることを考慮してされたものであるときは、当該約束は消滅しないものとされます。

　前述の認定がされたときは、財務大臣は、速やかに、受諾がされた約束が消滅しない旨又は消滅した旨及びその理由を直接の利害関係人に対し書面により通知するとともに、官報で告示します。

　また、約束が消滅する場合のほか、受諾がされた約束が効力を失ったときは、速やかに、財務大臣は、その旨及びその理由を直接の利害関係人に対し書面により通知するとともに、官報で告示します。

付録　不当廉売関税に係る迂回防止制度

１．関税・外国為替等審議会の答申

　令和６年12月20日、関税・外国為替等審議会が「令和７年度における関税率及び関税制度の改正等についての答申」を行いました。

　この答申において、経済産業省から創設要望のあった「不当廉売関税に係る迂回防止制度」については、「引き続き検討すべき事項」として以下のとおり記載されています。

> **関税・外国為替等審議会「令和７年度における関税率及び関税制度の改正等についての答申」（令和６年12月20日）（抜粋）**
> **Ⅲ．引き続き検討すべき事項**
> **１．不当廉売関税に係る迂回防止制度**
> 　不当廉売関税に係る迂回防止制度の創設については、不当廉売関税制度の実効性を高める意義が認められることから、早期に実現する必要がある。他方、制度設計に当たっては、制度創設の必要性・期待される効果等や制度設計の妥当性・合理性及びＷＴＯ協定整合性の確保をはじめとする事項の精査・検討を十分に行い、有識者や関係者等の意見も踏まえ、実効性のある制度を創設することが重要である。こうしたことを踏まえ、早期の制度創設を念頭に、引き続き精査・検討を継続することが適当である。

２．不当廉売関税に係る迂回防止制度に係る主な論点

　前記１の答申に先立ち令和６年11月26日に開催された関税・外国為替等審議会関税分科会の資料において、「不当廉売関税に係る迂回防止制度に係る主な論点」について、以下のとおり示されています。

　経済産業省より創設要望のあった迂回防止制度については、いわゆる**迂回品に対して現行の不当廉売関税制度に基づく調査によらず、迂回行為の事実認定をもって原措置の課税対象を迂回品に広げるもの**。判断にあたっては、下記の(1)〜(3)の論点をはじめ、様々な事項を丁寧に検討する必要。

62 第2部　不当廉売関税の実務

(注) 要望の概要

・各国が迂回防止制度を有し、発動したAD関税の効果を損なう迂回行為に対処している中、適切にAD関税を活用して、我が国への不当廉売製品の流入を抑えるため、同制度の導入を早急に検討することが必要。

・迂回行為の類型及び課税要件を定め、迂回製品に対して課税を行うに当たっての調査（迂回防止調査）に係る手続きを整備。類型として、①第三国迂回、②軽微変更迂回、③輸入国迂回、を想定。

・想定される3類型について、現行のAD調査によらず、より迅速な調査を通じて迂回の事実等を認定し、発動中の課税措置の対象に迂回輸入品を含めることを可能とする制度を創設する。

(1) 制度創設の必要性・期待される効果等

＊　迂回防止制度は、現行の不当廉売関税制度の対象を広げるもの。

＊　他方、我が国は諸外国と比較して不当廉売関税の発動実績が少ないところ、迂回行為の各類型について、我が国においてそれぞれに該当しうる事例の詳細を精査し、その対処を迂回防止制度によって行いうるかどうかを十分に検討するための情報収集が重要。

＊　すでに迂回防止制度を導入しているG20各国等における迂回調査、及び迂回認定の実績・事例も参照し、**迂回防止制度を創設・施行することにより期待される効果や影響**、を見極める必要。

(2) 制度設計の妥当性・合理性

＊　迂回防止制度における迂回調査の具体的な方法や認定要件については、すでに導入している各国間でも差異があるところ、我が国の実状も踏まえつつ、制度設計を行う必要。合理性・妥当性を確保しつつ、迅速かつ効果的な貿易救済を可能とする制度とするためには、**合理的な経済活動・貿易活動との区別（迂回行為を行っていない関係者への負担面の考慮を含む）、課税要件の明確化による予見可能性の確保等**、につき、専門家や有識者の方々のご意見を伺うことも含め、十分に検討する必要。

＊　迂回行為を認定した場合に迂回品に課す税率について、経済産業省要望によれば、迂回調査においてはダンピングマージンの調査を行わず、迂回行為の認定をもって、原措置の対象貨物と同一の税率を課すこととしている。この場合、**WTO協定上迂回に関するAD関税の税率の算出方法について規定していないところ、適切な整理**が必要。

付録　不当廉売関税に係る迂回防止制度　**63**

* 要望内容はいずれも迂回行為の疑義発生後に迂回調査を行う形式の制度であるところ、**迂回を未然に防止する方策がないか**、の検討も必要。

(3) WTO協定整合性の確保

* 現行の不当廉売関税制度については、WTO協定（関税及び貿易に関する一般協定（GATT）第6条）、アンチダンピング協定（1994年の関税及び貿易に関する一般協定第6条の実施に関する協定）等において定められている**国際的な基準に基づき、国内法令等**（関税定率法、不当廉売関税に関する政令、不当廉売関税に関する手続等についてのガイドライン等）**において要件や手続き等を規定。**
* 本来、不当廉売関税制度自体がWTOの基本原則である無差別原則（最恵国待遇の付与）、譲許税率を超える関税賦課の禁止の例外規定であり、我が国はそれが保護主義的な目的で濫用されないよう注意が必要として、その適切かつ公正な実施を重視してきたところ。
* 迂回に対処するための措置（迂回防止制度）については、**WTO協定等に明文の規定や国際的な基準は存在せず**、国内法令等において迂回防止制度を整備する場合には、主要各国の制度やWTOにおける関連の議論も参照し、調査当局による恣意的な運用とならないことに加え、**WTO協定等の違反との批判を受けない制度内容及び規定方法**を十分に検討する必要。

　今後、以上の論点をはじめとする様々な事項について、実効性の高い制度とするべく、令和8年度改正以降の創設を念頭に、引き続き関係省庁等と精査・検討を継続する。

（出所：関税・外国為替等審議会資料を基に作成）

64 第2部　不当廉売関税の実務

第3部
不当廉売関税の最近の発動事例

66 第3部 不当廉売関税の最近の発動事例

　第3部では、不当廉売関税の最近の発動事例として、「大韓民国産及び中華人民共和国産溶融亜鉛めっき鉄線（事例①）」、「中華人民共和国産高重合度ポリエチレンテレフタレート（事例②）」、「大韓民国産及び中華人民共和国産水酸化カリウム（事例③）」について、現行の措置の内容、課税の求めから、調査の実施と結果、課税の決定までについて具体的に紹介します。

＜事例①＞
大韓民国産及び
中華人民共和国産溶融亜鉛めっき鉄線

（概要）
　大韓民国産及び中華人民共和国産溶融亜鉛めっき鉄線については、令和3年3月31日、国内生産者4者から課税の求めが行われ、同年6月14日、調査が開始されました。
　令和4年4月28日、調査対象貨物に「ほう素を少量含有する溶融亜鉛めっき鉄線」が追加されるとともに、調査期間が6か月延長されました。
　暫定措置は発動されず、調査の結果、令和4年12月7日、不当廉売関税を課すことが決定されました。（不当廉売関税率は大韓民国産24.5％等、中華人民共和国産41.7％等、課税期間は令和4年12月8日から令和9年12月7日までの5年間）

（本件貨物の特徴と用途）
　溶融亜鉛めっき鉄線は、伸線工程を経た鉄若しくは非合金鋼の線又は合金鋼の線の表面に亜鉛めっきを施したものであり、主として金網類（フェンス、落石防護柵、落石防護網、じゃかご、クリンプ金網、亀甲金網）や各種有刺鉄線、さらにはパルプ結束線等の結束用途に用いられます。

1　現行の措置の内容

　溶融亜鉛めっき鉄線に対して課される不当廉売関税は、発動政令である「溶融亜鉛めっき鉄線に対して課する不当廉売関税に関する政令（令和4年政令第372

号)」(令和4年12月7日公布、同年12月8日施行)において定められており、下記(1)の貨物であって、(2)の国を原産地とするもののうち、(3)の期間内に輸入されるものに対して、(4)の税率の不当廉売関税が課されています。

(1) 対象貨物

次の①又は②の物品。

ただし、電気めっきによる工程を経て製造したものである旨が経済産業省令で定めるところにより経済産業大臣の発給する証明書により証明され、かつ、当該証明書が財務省令で定めるところにより税関長に提出されたものを除く。(証明書の発給及び提出については、後記(5)参照)

① 関税定率法別表第7217.20号に掲げる物品のうち次のいずれにも該当するもの
  * 炭素の含有量が全重量の0.25％未満のもの
  * 横断面の最大寸法が1.5mmを超えるもの
  * 同法別表第79類の号注1 (a) の亜鉛 (合金を除く) をめっきしたもの
  * 横断面が円形又はだ円形のもの

② 関税定率法別表第7229.90号に掲げる物品のうち次のいずれにも該当するもの
  * ほう素の含有量が全重量の0.0008％以上0.007％以下のもの
  * 同法別表第72類の注1 (f) に掲げるほう素以外の元素の含有量が全重量に対してそれぞれ同注1 (f) に掲げる割合未満のもの
  * 炭素の含有量が全重量の0.25％未満のもの
  * 横断面の最大寸法が1.5mmを超えるもの
  * 同法別表第79類の号注1 (a) の亜鉛 (合金を除く) をめっきしたもの
  * 横断面が円形又はだ円形のもの

(2) 対象国

大韓民国 (以下、「韓国」) 又は中華人民共和国 (香港地域及びマカオ地域を除く。以下、「中国」)

(3) 対象期間

令和4年12月8日から令和9年12月7日まで

(4) 不当廉売関税率

* 韓国を原産地とするもの：24.5％（韓国線材〔Hankuk Steel Wire Co.,Ltd.〕により生産されたもの：9.8％）
* 中国を原産地とするもの：41.7％（ベカルト〔青島〕鋼線産品有限公司〔Bekaert〈Qingdao〉Wire Products Co.,Ltd.〕により生産されたもの：26.5％）

(5) 電気めっきによる工程を経て製造した亜鉛めっき鉄線である旨の証明書

証明書の発給については経済産業省令[注1]により、また、証明書の提出については財務省令[注2]により定められています。概要は以下のとおり。

(注1)「溶融亜鉛めっき鉄線に対して課する不当廉売関税に関する政令第1条第1項第1号に規定する電気めっきによる工程を経て製造した亜鉛めっき鉄線である旨の証明書の発給に関する省令（令和4年経済産業省令第91号）」

　詳細については「電気めっきによる工程を経て製造した亜鉛めっき鉄線である旨の証明の取扱いについて（令和4年12月7日経済産業省製造産業局長）」

(注2)「溶融亜鉛めっき鉄線に対して課する不当廉売関税に関する政令第1条第1項第1号に規定する電気めっきによる工程を経て製造した亜鉛めっき鉄線である旨の証明書の提出に関する省令（令和4年財務省令第57号）」

イ　証明書の発給

電気めっきによる工程を経て製造した亜鉛めっき鉄線である旨の証明書の交付を受けようとする者（申請者）は、別記様式による申請書に、電気めっきによる工程を経て製造したものである旨を証する書面を添えて[注3]、経済産業大臣に提出する[注4]。

(注3) 鉄線と亜鉛めっきの間に合金層がないことを証明する試験結果報告書（JIS H8501〔1999〕に定めるめっきの厚さ試験方法のうち、顕微鏡断面試験方法に準拠した試験方法で実施した試験の結果を記載したもの）を提出する。また、試験により得られた断面図など試験結果の妥当性を裏付ける書類を適宜添付する。

(注4）申請は、電気めっきによる工程を経て製造した亜鉛めっき鉄線である旨の証明を受けて亜鉛めっき鉄線を輸入しようとする者が、当該輸入を行おうとする都度、その貨物を保税地域に搬入するまでの間に行う。

　経済産業大臣は、電気めっきによる工程を経て製造したものであると認めるときは、申請書に、電気めっきによる工程を経て製造したものであることを証明する旨を記入し、これを証明書として申請者に交付する。
　なお、経済産業大臣は、申請者に対し必要な書類の提出及び説明を求めることができ、証明書の交付は、申請を受理した日から15日以内(注5)にするものとされている。

(注5）標準処理期間には、行政機関の休日を含まない、また、申請者による申請内容の補正・変更、審査に必要と認められる資料の追加に要する期間を含まない。

ロ　証明書の提出

　前記イにより交付を受けた証明書は、その証明に係る物品についての輸入申告に際し税関長に提出する(注6)。

(注6）証明に係る物品について保税蔵置場等への蔵入れ申請等がされる場合にあっては、蔵入れ申請等に際し提出し、証明に係る物品が特例申告に係る貨物である場合（蔵入れ申請等の場合を除く）にあっては、特例申告に際し提出する。

2　課税の求め

　令和3年3月31日、日亜鋼業株式会社、NS北海製線株式会社、株式会社ガルバート・ジャパン、株式会社ワイヤーテクノの国内生産者4者連名（申請者）により財務大臣宛に課税の求めが行われました。
　申請者の主張の概要は下記（1）～（3）のとおり。

（1）申請者が本邦の産業に利害関係を有する者に該当する事実

　申請者は、本邦において調査対象貨物と同種の貨物を生産及び販売している者であり、令和元年10月1日から令和2年9月30日までにおける当該同種の貨物の本邦における総生産高に占める申請者の生産高の割合は50％超である。

(注) 調査対象貨物は、当初、前記1（1）の対象貨物のうち、①であったが、調査の途中で②（ほう素を少量含有する溶融亜鉛めっき鉄線）が追加された。（後記3（2）参照）

70 第3部 不当廉売関税の最近の発動事例

(2) 不当廉売された調査対象貨物の輸入の事実

イ 調査対象貨物の正常価格について、中国を原産地とする調査対象貨物については中国と比較可能な最も近い経済発展段階にある国から輸出される同種の貨物の輸出のための販売価格を採用した。

　韓国を原産地とする調査対象貨物については当該調査対象貨物の生産費に韓国で生産された当該調査対象貨物と同種の貨物に係る通常の利潤並びに管理費、販売経費及び一般的な経費の額を加えた価格を採用した。

ロ 本邦向け輸出価格については、調査対象貨物に係る本邦の輸入通関価格から海上輸送費等を控除して算定した。

ハ 前記イ及びロにより、中国又は韓国を原産地とする調査対象貨物に係る令和元年10月から令和2年9月までの不当廉売差額率(不当廉売差額を本邦向け輸出価格で除したもの)を算出すると、中国を原産地とするものについては25%から35%の間となり、韓国を原産地とするものについては20%から30%の間となる。

(3) 不当廉売された調査対象貨物の輸入が本邦の産業に与える実質的な損害等の事実

イ 調査対象貨物の輸入量は、平成28年度から令和元年度の間に、中国を原産地とする調査対象貨物は21,008トンから36,636トンに、韓国を原産地とする調査対象貨物は8,889トンから11,235トンにそれぞれ増加しており、国内需要量に占める当該輸入量の割合も平成28年度から令和2年度上半期の間にそれぞれ上昇した。

ロ 調査対象貨物の国内販売価格は、平成28年度から令和元年度を通じて国産品の国内販売価格を常に下回っており、その結果、国内の需要者が国産品から調査対象貨物に切り替えたことで国産品の国内販売量が著しく減少し、また、本邦の産業は原材料価格の上昇に見合った価格設定を妨げられた。

ハ 前記イ及びロにより、本邦の産業は、営業利益が減少するなど、実質的な損害が生じた。

3 調査の実施と結果

(1) 調査の開始

イ　令和3年6月14日、調査の開始が決定されました。

ロ　調査の対象となる期間は、次のとおり定められました。

　①　不当廉売された調査対象貨物の輸入の事実に関する事項については、
令和2年4月1日から令和3年3月31日までの1年間
（ただし、中国における当該貨物の生産及び販売について市場経済の条件
が浸透している事実に関する事項については、生産者の会社設立の時か
ら令和3年3月31日まで）

　②　不当廉売された調査対象貨物の輸入が本邦の産業に与える実質的な損害
等の事実に関する事項については、
平成28年4月1日から令和3年3月31日までの5年間

ハ　利害関係者等からの証拠の提出及び証言等についての期限は、次のとおり
定められました。

　＊　証拠の提出及び証言についての期限・・・令和3年9月14日

　＊　対質の申出についての期限・・・・・・・・・・令和3年10月14日

　＊　意見の表明についての期限・・・・・・・・・・令和3年10月14日

　＊　情報の提供についての期限・・・・・・・・・・令和3年10月14日

　＊　証拠等の閲覧についての期限・・・・・・・不当廉売関税を課することの決
定、不当廉売関税を課さないことの決定又は調査を取りやめることの決
定に係る告示の日

(2) 調査対象貨物の追加と調査期間の延長

イ　調査対象貨物は、当初、前記1（1）の対象貨物のうち、①でありましたが、
令和4年4月28日、②（ほう素を少量含有する溶融亜鉛めっき鉄線）を追加す
ることとされました。

ロ　また、同日、前記イの調査対象貨物の追加に関し、利害関係者等に対して
追加的な証拠の提出等の機会を与えるとともに、調査の透明性を確保しつつ
証拠等の十分な検討を行うため、調査期間を6か月延長し、令和4年12月13
日までとすることとされました。

72 第3部 不当廉売関税の最近の発動事例

（調査対象貨物の追加に係る経緯）

＊ 調査において、「ほう素を少量含有する溶融亜鉛めっき鉄線」が調査の供給国から本邦向けに輸出されていることが認められた。「ほう素を少量含有する溶融亜鉛めっき鉄線」は、変更前の調査対象貨物と同様に、日本産業規格（産業標準化法第20条第1項（日本産業規格）に規定する日本産業規格をいう）G3547に適合するものとして製造され、販売される可能性がある。

＊ このため、調査当局は、令和4年3月14日及び23日、調査対象貨物を「ほう素を少量含有する溶融亜鉛めっき鉄線」に拡大することについて、利害関係者に対して証拠の提出及び意見の表明を求めるとともに、調査に協力している産業上の使用者に対して意見の表明及び情報の提供を求めた。

＊ これに対し、利害関係者及び産業上の使用者から、回答書等の提出があった。

提出された回答書等の概要は以下のとおり。

① 「ほう素を少量含有する溶融亜鉛めっき鉄線」の取扱いがあると回答した全ての利害関係者等及び申請者から、「ほう素を少量含有する溶融亜鉛めっき鉄線」と変更前の調査対象貨物は、物理的及び化学的特性、製造工程、流通経路、用途等に実質的に違いはない旨回答があり、両者は実質的に同一であると認められた。

② また、申請者から、調査対象貨物を「ほう素を少量含有する溶融亜鉛めっき鉄線」に拡大することを支持する旨の意見の表明があるとともに、令和3年3月31日に提出された不当廉売関税を課することを求める書面に記載のある変更前の調査対象貨物に係る不当廉売及び損害に関する主張が、「ほう素を少量含有する溶融亜鉛めっき鉄線」にも同様に当てはまることが示された。

＊ 以上のことから、調査対象貨物を「ほう素を少量含有する溶融亜鉛めっき鉄線」に拡大した上で調査を継続することが適当と認められたため、調査対象貨物を追加することとされた。

(注) 調査対象貨物の追加に伴い、「ほう素を少量含有する溶融亜鉛めっき鉄線」に係る利害関係者等からの証拠の提出及び証言等についての期限は、次のとおり定められた。

　＊ 証拠の提出及び証言についての期限‥‥令和4年7月28日

　＊ 対質の申出についての期‥‥‥‥‥‥令和4年8月29日

　＊ 意見の表明についての期限‥‥‥‥‥令和4年8月29日

　＊ 情報の提供についての期限‥‥‥‥‥令和4年8月29日

(3) 調査の結果

　調査により判明した事実及びこれにより得られた結論は、下記イ〜ニのとおり。

イ　調査対象貨物の供給者
① 　調査当局が知り得た韓国の供給者は、以下の7者。
* Hankuk Steel Wire Co.,Ltd.（以下、「韓国線材」）
* Jinheung Iron & Steel Co.,Ltd.
* DAE A STEEL WIRE CO.,LTD.
* JINHEUNG STEEL Co.,Ltd.
* CHUNG WOO ROPE Co.,Ltd.
* HANIL STEEL WIRE Co.,LTD.
* DONGYEONG TRADING CO.,LTD.

② 　調査当局が知り得た中国の供給者は、以下の6者。
* ベカルト（青島）鋼線産品有限公司（Bekaert〔Qingdao〕Wire Products Co.,Ltd.）（以下、「ベカルト青島」）
* 天津華源時代金属製品有限公司（Tianjin Huayuan Times Metal Products Co.,Ltd.）（以下、「天津華源時代」）
* 天津華源線材製品有限公司（Tianjin Huayuan Metal Wire Products Co.,Ltd.）（以下、「天津華源線材」）
* 瀋陽新隆泰貿易有限公司
* 天津市利偉天金属科技有限公司
* 瀋陽奎鼎貿易有限公司

ロ　不当廉売された調査対象貨物の輸入の事実
　以下のことから、韓国及び中国を原産地とする調査対象貨物について不当廉売された調査対象貨物の輸入の事実が認められた。

(注) 不当廉売差額は、輸出国における消費に向けられる調査対象貨物と同種の貨物の通常の商取引における価格その他これに準ずる価格の加重平均（「正常価格」）と、本邦への輸出のために販売された調査対象貨物の価格の加重平均（「輸出価格」）との差額とし、不当廉売差額を輸出価格で除して不当廉売差額率を算出する。

　　ただし、中国産の調査対象貨物の正常価格については、市場経済の条件が浸透している事実を確認できない場合には、中国と比較可能な最も近い経済発展段階にある国（「代替国」）

における消費に向けられる調査対象貨物と同種の貨物の通常の商取引における価格、代替国から輸出される当該同種の貨物の輸出のための販売価格又は代替国における当該同種の貨物の生産費に当該同種の貨物に係る通常の利潤並びに管理費、販売経費及び一般的な経費の額を加えた価格のいずれかの価格（「代替国価格」）を用いる。

A　韓国を原産地とする不当廉売された調査対象貨物の輸入の事実

調査当局が知り得た韓国の供給者に対して質問状等を送付したところ、「韓国線材」から、本邦への輸出の実績がある旨及び調査に協力する旨の回答の提出があった。

その他の調査当局が知り得た韓国の供給者からは回答の提出がなく、調査に協力しなかったと認められた。

i　正常価格

正常価格の算出に当たり、「韓国線材」については、提出された証拠及び現地調査の結果を踏まえ、質問状に対する回答等を正常価格の算出に用いることとされた。

その他の調査当局が知り得た韓国の供給者については、必要な証拠が提出されなかったことから、知ることができた事実として、「韓国線材」の品種ごとの構成価格を数量で加重平均した価格を用いることとされた。

ii　輸出価格

輸出価格の算出に当たり、「韓国線材」については、提出された証拠及び現地調査の結果を踏まえ、質問状に対する回答等を輸出価格の算出に用いることとされた。

その他の調査当局が知り得た韓国の供給者については、必要な証拠が提出されなかったことから、知ることができた事実として、財務省貿易統計から「韓国線材」の輸出取引を除外して算出することとされた。

iii　不当廉売差額率

正常価格と輸出価格との比較により不当廉売差額率を算出した結果、「韓国線材」を供給者とする調査対象貨物の不当廉売差額率については、10.42％、調査当局が知り得た韓国の供給者のうち回答の提出がなかった者及び調査当局が知り得なかった韓国の者を供給者とする調査対象貨物の不当廉売差額率については、26.04％であった。

B　中国を原産地とする不当廉売された調査対象貨物の輸入の事実

調査当局が知り得た中国の供給者に対して質問状等を送付したところ、「ベカルト青島」、「天津華源時代」及び「天津華源線材」から、本邦への輸出の実績がある旨及び調査に協力する旨の回答の提出があった。

その他の調査当局が知り得た中国の供給者からは回答の提出がなく、調査に協力しなかったと認められた。

なお、「天津華源時代」及び「天津華源線材」(以下、「天津二者」)については、調査対象貨物の生産及び販売に関して、共通の商業目的を達成するため相互に調整することが可能であると認められたことから、不当廉売差額の算出にあたって同一の事業体とみなすこととされた。

i　正常価格

正常価格の算出に当たり、中国の調査対象貨物の供給者に質問状等を送付したところ、市場経済の条件が浸透している事実を確認できなかったことから、正常価格算出のために代替国価格を用いることとされた。

ii　輸出価格

輸出価格の算出に当たり、「ベカルト青島」については、提出された証拠及び現地調査の結果を踏まえ、質問状に対する回答等を輸出価格の算出に用いることとされた。

「天津二者」については、現地調査の結果、質問状に対する回答の正確性を確認することができなかったことから、知ることができた事実として、提出された回答の一部を用いることとされた。

iii　不当廉売差額率

正常価格と輸出価格との比較により不当廉売差額率を算出した結果、「ベカルト青島」を供給者とする調査対象貨物の不当廉売差額率については、29.10％、「天津二者」を供給者とする調査対象貨物の不当廉売差額率については、43.42％であった。

調査当局が知り得た中国の供給者のうち回答の提出がなかった者及び調査当局が知り得なかった中国の者を供給者とする調査対象貨物の不当廉売差額率については、知ることができた事実に基づき算出することとし、「天津二者」の不当廉売差額率と同率を適用することとされた。

ハ　不当廉売された調査対象貨物の輸入が本邦の産業に与える実質的な損害等の事実

以下のことから、不当廉売された調査対象貨物の輸入が本邦の産業に対し、実質的な損害を与えたと認められた。

* 不当廉売された調査対象貨物は、調査対象期間において、輸入量を増加させた一方、本邦において生産された同種の貨物(「本邦産同種の貨物」)は、販売量を減少させた。

* また、不当廉売された調査対象貨物は、本邦産同種の貨物との代替性を有しており、取引において価格が重視される中、本邦産同種の貨物の国

内取引価格を下回る価格で輸入され、販売された。

* 本邦の産業については、本邦産同種の貨物の販売先を維持又は確保するべく、販売価格の引上げの抑制及び引下げを余儀なくされ、利潤が大幅に低下したほか、その他の指標も悪化した。

二 結論

以上のとおり、不当廉売された貨物の輸入の事実及び当該輸入の本邦の産業に与える実質的な損害等の事実があり、当該本邦の産業を保護するため不当廉売関税を課することが必要であると認められた。

4 課税の決定

令和4年11月24日、財務省にて「関税・外国為替等審議会関税分科会特殊関税部会」が開催され、韓国産及び中国産溶融亜鉛めっき鉄線に対して不当廉売関税を課することについて諮問が行われ、当該諮問のとおり行うことが適当であると認めるとの当該審議会の答申が行われました。

これを受け、同年12月7日、発動政令である「溶融亜鉛めっき鉄線に対して課する不当廉売関税に関する政令（令和4年政令第372号）」が公布され、同年12月8日に施行されました。

＜事例②＞
中華人民共和国産
高重合度ポリエチレンテレフタレート

（概要）

1. 中華人民共和国産高重合度ポリエチレンテレフタレートについては、平成28年9月6日、国内生産者4者から課税の求めが行われ、同年9月30日、調査が開始されました。

平成29年8月4日、仮の決定が行われ、同年9月2日から暫定措置が発動されました。（暫定的な不当廉売関税率は53.0％等）

調査期間が3か月延長され、調査の結果、平成29年12月27日、不当廉

売関税（確定措置）を課すことが決定されました。（不当廉売関税率は同じく53.0％等、課税期間は平成29年12月28日から令和4年12月27日までの5年間）

2．令和3年12月3日、国内生産者1者から課税期間の延長の求めが行われ、令和4年2月10日、課税期間延長の調査が開始されました。
　調査の結果、令和5年2月3日、課税期間の延長が決定されました。（課税期間は令和10年2月2日まで5年間延長）
　（注）前記1の課税期間の経過後（令和4年12月28日以降）も、課税期間延長の調査中であったことから、当該調査が終了するまでの間は課税が継続されることとなりました。

（本件貨物の特徴と用途）

　高重合度ポリエチレンテレフタレート（Polyethylene terephthalate with a high degree of polymerization）は、「商品の名称及び分類についての統一システム（HS）」の品目表第3907.61号に分類されるポリエチレンテレフタレート（粘度数が1グラムにつき78ミリリットル以上のもの）であり、一般に白色のペレット状であり、主としてボトルやシートに加工され使用されています。

1　現行の措置の内容

　高重合度ポリエチレンテレフタレートに対して課される不当廉売関税は、発動政令である「高重合度ポリエチレンテレフタレートに対して課する不当廉売関税に関する政令（平成29年政令第234号）」（平成29年9月1日公布、同年9月2日施行、最終改正は令和5年2月4日施行）において定められており、下記(1)の貨物であって、(2)の国を原産地とするもののうち、(3)の期間内に輸入されるものに対して、(4)の税率の不当廉売関税が課されています。

(1) 対象貨物

　関税定率法別表第3907.61号に掲げるポリエチレンテレフタレート

（2）対象国

中華人民共和国（香港地域及びマカオ地域を除く。以下、「中国」）

（3）対象期間

平成29年12月28日から令和10年２月２日まで
(注) 平成29年９月２日から同年12月27日まで暫定措置発動

（4）不当廉売関税率

53.0％（次の表に掲げる生産者により生産された貨物にあっては、それぞれに定める税率）

生産者	税率
グァンドン・アイヴイエル・ペット・ポリマー・カンパニー・リミテッド（GUANGDONG IVL PET POLYMER CO.,LTD.）（後記３において「広東」）	39.8％
ジャンイン・シンタイ・ニュー・マテリアル・カンパニー・リミテッド（JIANGYIN XINGTAI NEW MATERIAL CO.,LTD.）（後記３において「江陰興泰」）	39.8％
ジャンイン・シンユー・ニュー・マテリアル・カンパニー・リミテッド（JIANGYIN XINGYU NEW MATERIAL CO.,LTD.）（後記３において「江陰興宇」）	39.8％
ジャンスー・シンイエ・プラスチック・カンパニー・リミテッド（JIANGSU XINGYE PLASTIC CO.,LTD.）（後記３において「江蘇」）	39.8％
チェジャン・ワンカイ・ニュー・マテリアルズ・カンパニー・リミテッド（ZHEJIANG WANKAI NEW MATERIALS CO.,LTD.）（後記３において「浙江」）	51.0％
チャイナ・リソーシーズ・パッケージング・マテリアルズ・カンパニー・リミテッド（CHINA RESOURCES PACKAGING MATERIALS CO.,LTD.）（後記３において「華潤」）	51.4％
ドラゴン・スペシャル・レジン（シアメン）カンパニー・リミテッド（DRAGON SPECIAL RESIN (XIAMEN) CO.,LTD.）（後記３において「騰龍」）	39.8％

2 課税の求め

　平成28年9月6日、三井化学株式会社、三菱化学株式会社、日本ユニペット株式会社、越前ポリマー株式会社の国内生産者4者連名（申請者）により財務大臣宛に課税の求めが行われました。

　申請者の主張の概要は下記(1)～(3)のとおり。

(1) 申請者が本邦の産業に利害関係を有する者に該当する事実

　申請者の三井化学株式会社及び三菱化学グループの三社(三菱化学株式会社、日本ユニペット株式会社、越前ポリマー株式会社)は、本邦において調査対象貨物と同種の貨物を生産及び販売している者であり、平成27年度における当該同種の貨物の本邦における総生産高に占める申請者の生産高の割合は56.8％から81.1％の間である。

(2) 不当廉売された調査対象貨物の輸入の事実

イ　正常価格については、中国と比較可能な最も近い経済発展段階にある国における調査対象貨物と同種の貨物の生産費に当該同種の貨物に係る通常の利潤並びに管理費、販売経費及び一般的な経費の額を加えた価格。

ロ　本邦向け輸出価格については、中国の輸出貿易統計における輸出通関価格から輸出諸掛り及び輸出国内輸送費を控除して算出した価格。

ハ　前記イ及びロにより、中国からの調査対象貨物に係る平成27年度の不当廉売差額率（不当廉売差額を本邦向け輸出価格で除したもの）を算出すると、20.07％から38.54％の間となる。

(3) 不当廉売された調査対象貨物の輸入が本邦の産業に与える実質的な損害等の事実

イ　不当廉売された調査対象貨物について、中国からの輸入量は平成25年度には25万4,040トンであったが、平成28年度には36万4,260トンに増加しており、平成25年度から平成27年度にかけて国内需要量に占める中国からの輸入量の割合は拡大した。

ロ　平成25年度から平成27年度にかけて、中国からの不当廉売された調査対象

貨物の国内販売価格は、本邦の当該調査対象貨物と同種の貨物の国内販売価格を下回っており、当該同種の貨物の国内需要量に占める割合は減少した。

3 調査の実施と結果

(1) 調査の開始

イ　平成28年9月30日、調査の開始が決定されました。

　(注) 調査対象貨物は、当初、「商品の名称及び分類についての統一システム（HS）の品目表第3907.60号に分類されるポリエチレンテレフタレートのうち、粘度が1グラムにつき0.7デシリットル以上のもの」とされていたが、HSの品目表が改正（HS2012からHS2017に改正）されたことに伴い、平成29年1月1日より、「商品の名称及び分類についての統一システム（HS）の品目表第3907.61号に分類されるポリエチレンテレフタレート（固有粘度数が1グラムにつき0.7デシリットル以上のポリエチレンテレフタレートに相当する）」に改められた。

ロ　調査の対象となる期間は、次のとおり定められました。

　①　不当廉売された調査対象貨物の輸入の事実に関する事項については、
　　　平成27年4月1日から平成28年3月31日までの1年間
　　　（ただし、中国における当該貨物の生産及び販売について市場経済の条件が浸透している事実に関する事項については、生産者の会社設立の時から平成28年3月31日まで）

　②　不当廉売された調査対象貨物の輸入が本邦の産業に与える実質的な損害等の事実に関する事項については、
　　　平成25年4月1日から平成28年3月31日までの3年間

ハ　利害関係者等からの証拠の提出及び証言等についての期限は、次のとおり定められました。

　＊　証拠の提出及び証言についての期限････平成29年1月30日
　＊　対質の申出についての期限･･･････････平成29年2月28日
　＊　意見の表明についての期限･･･････････平成29年3月30日
　＊　情報の提供についての期限･･･････････平成29年2月28日
　＊　証拠等の閲覧についての期限･･･････････調査終了の日

（2）仮の決定

　平成29年8月4日、不当廉売された貨物の輸入の事実及び当該輸入の本邦の産業に与える実質的な損害等の事実を推定することについての決定（「仮の決定」）が行われました。

　調査により判明した事実及びこれにより得られた結論は、下記イ〜ハのとおり。

イ　調査対象貨物の供給者

　調査当局が知り得た中国の供給者は、以下の21者。

* 広東泰宝聚合物有限公司（Guangdong IVL PET Polymer Co.,Ltd.）
（以下、「広東」）
* 浙江万凱新材料有限公司（Zhejiang Wankai New Materials Co.,Ltd.）
（以下、「浙江」）
* 江蘇興業プラスチック股份有限公司（Jiangsu Xingye Plastic Co.,Ltd.）
（以下、「江蘇」）
* 騰龍特殊樹脂（厦門）有限公司（Dragon Special Resin (Xiamen) Co.,Ltd.）
（以下、「騰龍」）
* 遠紡工業（上海）有限公司（Far Eastern Industries (Shanghai) Ltd.）
（以下、「遠紡」）
* 江陰興泰新材料有限公司（Jiangyin Xingtai New Material Co.,Ltd.）
（以下、「江陰興泰」）
* 江陰興宇新材料有限公司（Jiangyin Xingyu New Material Co.,Ltd.）
（以下、「江陰興宇」）
* 海南逸盛石化有限公司（Hainan Yisheng Petrochemical Co.,Ltd.）
（以下、「海南」）
* 華潤包装材料有限公司（China Resources Packaging Materials Co.,Ltd.）
（以下、「華潤」）
* 亞東工業（蘇州）有限公司（Oriental Industries (Suzhou) Ltd.）
（以下、「亞東」）
* 遠東化聚工業股份有限公司（Far Eastern Polychem Industries Ltd.）
（以下、「遠東」）
* ほか10者

82 第3部　不当廉売関税の最近の発動事例

ロ　不当廉売された貨物の輸入の事実

　以下のことから、中国を原産地とする調査対象貨物について不当廉売の事実が推定された。

①　供給者

* 前記イの調査当局が知り得た供給者に対して質問状等を送付したところ、「広東」、「浙江」、「江蘇」、「騰龍」、「遠紡」、「江陰興泰」、「江陰興宇」、「海南」、「華潤」、「亞東」及び「遠東」から調査に協力するとの回答の提出があったが、供給者の数が不当廉売差額を個別に決定することが実行可能でないほど多いことから、調査当局は、標本抽出（以下、「サンプリング」）を実施することとした。

* 当該回答を提出した供給者のうち、調査対象貨物の本邦への輸出の量が上位と考えられる「浙江」、「遠紡」、「海南」及び「華潤」がサンプリングによる調査対象者として選定された。

* なお、「遠紡」の関連企業である「亞東」及び「遠東」については、経営についての共通性等が認められたことから、不当廉売差額の算出に当たって、「遠紡」と同一の事業体とみなすこととされた。

* 「広東」、「江蘇」、「騰龍」、「江陰興泰」及び「江陰興宇」（当該5者を以下、「サンプル調査非対象者」）は当該調査対象者として選定されなかった。

* 調査当局が知り得た供給者のうちその他の者（以下、「非協力者」）からは回答の提出がなく、調査に協力しなかったと認められた。

②　正常価格

* 正常価格の算出に当たり、中国の調査対象貨物の供給者に質問状等を送付したところ、当該供給者が市場経済条件が浸透している事実があることを明確に示すことができたとは認められなかった。このため、正常価格算出のために代替国価格を用いることとされた。

③　輸出価格

* 輸出価格の算出に当たり、「浙江」及び「華潤」については、提出された証拠等及び現地調査の結果を踏まえ、質問状に対する回答を輸出価格の算出に用いることとされた。

* 一方、「遠紡」（関連企業である「亞東」及び「遠東」を含む。以下同じ）については、調査当局による質問状等に対し、部分的な回答のみが行われ、必要な証拠が提出されなかったと認められることから、また、「海南」については、現地調査の結果、質問状に対する回答の正確性を確認するこ

とができなかったことから、知ることができた事実として「華潤」から提出された回答の一部を用いることとされた。

 * サンプル調査非対象者については、「浙江」から提出された証拠等であって調査当局がその正確性を確認することができたものを用いることとされた。

④ **不当廉売差額率**

 * 正常価格と輸出価格との比較により不当廉売差額率を算出した結果、「浙江」を供給者とする調査対象貨物の不当廉売差額率については51.85%、「華潤」を供給者とする調査対象貨物の不当廉売差額率については52.26%、「遠紡」又は「海南」を供給者とする調査対象貨物の不当廉売差額率については53.85%であった。

 * また、サンプル調査非対象者を供給者とする調査対象貨物の不当廉売差額率については、40.41%であった。

 * さらに非協力者又はその他の者を供給者とする調査対象貨物の不当廉売差額率については、知ることができた事実に基づき算出した結果、53.85%であった。

ハ 不当廉売された調査対象貨物の輸入の本邦の産業に与える実質的な損害等の事実

以下のことから、調査対象貨物の輸入が本邦の産業に対し、実質的な損害を与えたと推定された。

 * 調査対象貨物は、本邦の市場での販売量を年々増加させた。

 * また、調査対象貨物は、本邦において生産された調査対象貨物と同種の貨物（「本邦産同種の貨物」）との代替性を有しており、取引において価格が重視される中、本邦産同種の貨物の国内取引価格を著しく下回る価格で輸入された。

 * 本邦の産業については、調査対象貨物の輸入の増加の影響を受け、販売量、利潤その他の指標が悪化した。

ニ 調査により判明した事実に係る証拠の提出等についての期限

調査により判明した事実に係る証拠の提出等についての期限は、次のとおり定められた。

 * 証拠の提出についての期限‥‥平成29年8月28日
 * 意見の表明についての期限‥‥平成29年8月28日

（3）暫定措置の発動

　前記（2）の仮の決定を踏まえ、平成29年8月23日、財務省にて「関税・外国為替等審議会関税分科会特殊関税部会」が開催され、中国産高重合度ポリエチレンテレフタレートに対して暫定的な不当廉売関税を課することについて諮問が行われ、当該諮問のとおり行うことが適当であると認めるとの当該審議会の答申が行われました。

　これを受け、同年9月1日、発動政令である「重合度ポリエチレンテレフタレートに対して課する暫定的な不当廉売関税に関する政令（平成29年政令第234号）」が公布、同年9月2日に施行され、暫定措置が発動されました。（課税期間は平成29年9月2日から平成30年1月1日までの4か月間）

（4）調査期間の延長

　平成29年9月27日、調査の透明性を確保しつつ、利害関係者から提出された証拠等の更なる検討を行うため、調査期間を3か月延長し、平成29年12月29日までとすることとされました。

（5）調査の結果

　調査により判明した事実及びこれにより得られた結論は、下記イ〜ニのとおり。

イ　調査対象貨物の供給者
　調査当局が知り得た中国の供給者は、21者（前記（2）（仮の決定）のイと同様）。

ロ　不当廉売された調査対象貨物の輸入の事実
　前記（2）（仮の決定）のロと同旨のことから、中国を原産地とする調査対象貨物について不当廉売の事実が認められた。

ハ　不当廉売された調査対象貨物の輸入が本邦の産業に与える実質的な損害等の事実
　前記（2）（仮の決定）のハと同旨のことから、調査対象貨物の輸入が本邦の産業に対し、実質的な損害を与えたと認められた。

二 結論

　以上のとおり、不当廉売された貨物の輸入の事実及び当該輸入の本邦の産業に与える実質的な損害等の事実が認められ、当該本邦の産業を保護するため不当廉売関税を課することが必要であると認められた。

4 課税の決定

　平成29年9月14日、財務省にて「関税・外国為替等審議会関税分科会特殊関税部会」が開催され、中国産高重合度ポリエチレンテレフタレートに対して不当廉売関税を課することについて諮問が行われ、当該諮問のとおり行うことが適当であると認めるとの当該審議会の答申が行われました。

　これを受け、同年12月27日、「重合度ポリエチレンテレフタレートに対して課する暫定的な不当廉売関税に関する政令（平成29年政令第234号）」の一部を改正する政令（平成29年政令第323号）が公布、同年12月28日に施行され、確定措置が発動されました。
（政令の改正内容は、政令の題名を「重合度ポリエチレンテレフタレートに対して課する不当廉売関税に関する政令」に改めること、不当廉売関税の課税期間を平成29年12月28日から平成34年（令和4年）12月27日までの5年間とすること、平成29年9月2日から同年12月27日までの期間内に輸入された暫定不当廉売関税賦課貨物に不当廉売関税を課すること等）

5 課税期間の延長の求め

　令和3年12月3日、国内生産者1者（三井化学株式会社）（申請者）により財務大臣宛に課税期間の延長の求めが行われました。
　申請者の主張の概要は下記(1)〜(3)のとおり。

(1) 申請者が本邦の産業に利害関係を有する者に該当する事情

　申請者は、本邦において指定貨物（指定貨物とは、不当廉売関税の課税対象貨物である重合度ポリエチレンテレフタレートのことをいう）と同種の貨物を生産及び販売している者であり、令和2年4月1日から令和3年3月31日まで

における当該同種の貨物の本邦における総生産高に占める申請者の生産高の割合は25％超である。

（2）不当廉売された指定貨物の輸入が指定された期間の満了後に再発するおそれに関する事項

イ　正常価格について、中国と比較可能な最も近い経済発展段階にある国における指定貨物と同種の貨物の国内販売価格を採用した。

ロ　本邦向け輸出価格については、令和2年4月1日から令和3年3月31日までにおいて中国から本邦に対する輸出実績が僅少であったことから、中国から第三国に対する輸出価格を採用した。

ハ　前記イ及びロによると、令和2年4月1日から令和3年3月31日までの指定貨物と同種の貨物の第三国に対する輸出価格は正常価格を下回っている。

ニ　中国の供給者は余剰生産能力を有しており、当該供給国内及び海外においてその追加的な供給を吸収できる市場は存在しない。

　以上のことから、指定された期間（指定された期間とは、重合度ポリエチレンテレフタレートに対して課される不当廉売関税の課税期間のことをいう）の満了後、不当廉売された指定貨物の輸入が再発するおそれがある。

（3）不当廉売された指定貨物の輸入の本邦の産業に与える実質的な損害等の事実が指定された期間の満了後に再発するおそれに関する事項

イ　不当廉売された指定貨物が中国から第三国に対する輸出価格で本邦に輸入された場合の価格は、本邦産同種の貨物の国内販売価格を下回っている。

ロ　不当廉売された指定貨物の輸入に対する不当廉売関税の課税後、本邦産同種の貨物の国内販売価格は上昇したものの、原材料費の上昇分を国内販売価格に十分に転嫁できなかった。また、販売数量は令和元年度以降、営業利益は平成30年度以降、下降を続けている等、本邦産業は、不当廉売された指定貨物の輸入により生じていた実質的な損害から回復しておらず、依然として脆弱な状態である。

ハ　中国の供給者は余剰生産能力を有しており、当該供給国内及び海外において追加的な供給を吸収できる市場は存在しないことから、指定された期間の満了後、不当廉売された指定貨物の輸入が再発するおそれがある。

以上のことから、指定された期間の満了後、不当廉売された指定貨物の輸入の本邦の産業に与える実質的な損害の事実が再発するおそれがある。

6　課税期間延長調査の実施と結果

(1) 課税期間延長調査の開始

イ　令和4年2月10日、課税期間延長調査の開始が決定されました。

ロ　調査の対象となる期間は、次のとおり定められました。

　① 不当廉売された指定貨物の輸入が指定された期間の満了後に継続し又は再発するおそれに関する事項については、

　　令和2年10月1日から令和3年9月30日までの1年間

　　(ただし、中国における当該貨物の生産及び販売について市場経済の条件が浸透している事実に関する事項については、平成28年4月1日から令和3年9月30日まで)

　② 不当廉売された指定貨物の輸入の本邦の産業に与える実質的な損害等の事実が指定された期間の満了後に継続し又は再発するおそれに関する事項については、

　　平成28年4月1日から令和3年9月30日までの5年間

ハ　利害関係者等からの証拠の提出及び証言等についての期限は、次のとおり定められました。

　＊　証拠の提出及び証言についての期限‥‥令和4年5月10日
　＊　対質の申出についての期限‥‥‥‥‥令和4年6月10日
　＊　意見の表明についての期限‥‥‥‥‥令和4年6月10日
　＊　情報の提供についての期限‥‥‥‥‥令和4年6月10日
　＊　証拠等の閲覧についての期限‥‥‥‥課税期間を延長することの決定、課税期間を延長しないことの決定又は調査を取りやめることの決定等に係る告示の日

ニ　申請者の課税期間の延長の求めに対する関係生産者等又は関係労働組合の支持の状況について

　　本邦の産業を所管する大臣(経済産業大臣)が、関係生産者等に対し、課税期間の延長の求めに対する支持の状況を確認したところ、当該求めを支持している関係生産者等の指定貨物と同種の貨物の本邦における生産高の合計が当該求めに反対することを明らかにしている関係生産者等の当該貨物の本邦

88 第3部　不当廉売関税の最近の発動事例

における生産高の合計を超えていた、とされています。

（2）課税期間延長調査の結果

調査により判明した事実及びこれにより得られた結論は、下記イ～ハのとおり。

イ　不当廉売された調査対象貨物の輸入が指定された期間の満了後に継続し又は再発するおそれに関する事項

A　不当廉売された調査対象貨物の輸入の事実

i　調査対象貨物の輸入の事実

不当廉売関税の課税により、調査対象期間における調査対象貨物の輸入は、本邦における高重合度ポリエチレンテレフタレートの総輸入量に占める割合が0.1％と僅少であり、利害関係者等からも、調査対象貨物の輸入の事実について、証拠は得られなかったことから、実質的に停止したと認められた。

ii　供給者

調査当局が知り得た供給者に対して質問状を送付したところ、Wankai New Materials Co.,Ltd.（萬凱新材料股份有限公司）（以下、「萬凱新材料」）及びJiangyin Xingyu New Material Co.,Ltd.（江陰興宇新材料有限公司）（以下、「江陰興宇新材料」）から、調査対象期間に本邦への輸出実績がない旨及び調査に協力する旨の回答の提出があった。

その他の調査当局が知り得た供給者からは回答の提出がなく、調査に協力しなかったと認められた。

iii　正常価格

正常価格の算出に当たり、調査当局が知り得た供給者に対して質問状を送付したところ、回答の提出がなく、市場経済の条件が浸透している事実を確認できなかったことから、正常価格の算出のために代替国価格を用いることとした。

iv　輸出価格

輸出価格の算出に当たり、萬凱新材料及び江陰興宇新材料については、調査対象期間において本邦に対する調査対象貨物の輸出実績はなく、また、調査当局による質問状に対し、部分的な回答のみが行われ、必要な証拠が提出されなかったと認められることから、知ることができた事実として、中国税関輸出貿易統計における中国から第三国への輸出価格を用いることとした。

v　不当廉売差額率

正常価格と輸出価格との比較により不当廉売差額率を算出した結果、萬凱新

材料及び江陰興宇新材料を供給者とする調査対象貨物の不当廉売差額率については、4～40％であった。

　調査当局が知り得た供給者のうち回答の提出がなかった者及び調査当局が知り得なかった者を供給者とする調査対象貨物の不当廉売差額率については、知ることができた事実に基づき算出することとし、萬凱新材料及び江陰興宇新材料を供給者とする調査対象貨物の不当廉売差額率と同率を適用した。

ⅵ　結論

　不当廉売関税の課税により、調査対象期間における調査対象貨物の輸入は実質的に停止したと認められるものの、供給者は第三国に対して調査対象貨物と同種の貨物の輸出を行っており、当該第三国への輸出価格は正常価格より低いものであった。

B　不当廉売された調査対象貨物の輸入が指定された期間の満了後に継続し又は再発するおそれ

　＊　供給者は第三国に対して調査対象貨物と同種の貨物の輸出を行っており、当該第三国への輸出価格は正常価格より低いものであった。

　＊　また、供給者には相当程度の余剰生産能力があり、供給者の将来の生産は増加が見込まれ、追加的な増産を全て吸収できる自国市場及び海外市場は存在しない状況が認められた。

　＊　以上から、不当廉売された調査対象貨物の輸入が指定された期間の満了後に再発するおそれがあると認定した。

ロ　不当廉売された調査対象貨物の輸入の本邦の産業に与える実質的な損害等の事実（以下、「不当廉売輸入による損害の事実」）が指定された期間の満了後に継続し又は再発するおそれに関する事項

A　不当廉売輸入が本邦の産業に与える影響

　＊　調査対象貨物の輸入量は、不当廉売関税の課税開始以降大幅に減少し、僅少となったが、不当廉売関税の課税前における調査対象貨物の国内販売価格は、本邦産同種の貨物の国内販売価格を大幅に下回っていた。

　＊　調査対象貨物が本邦の産業に与える損害に係る指標については、現行の不当廉売関税に係る措置により、一定の改善が見られるが、令和元年度以降は営業利益が悪化するなど、本邦の産業は損害を受けやすい脆弱な状況にある。

90 第3部 不当廉売関税の最近の発動事例

B 不当廉売輸入による損害の事実が継続し又は再発するおそれ

＊ 本邦の市場は現状以上に拡大するとは考えにくい。そのような中で、調査対象貨物と本邦産同種の貨物は代替性を有し、取引において価格が重視されていることから、指定された期間が満了し調査対象貨物の輸入が再開されれば、本邦の産業は現在の国内販売量を維持するため、現在の国内販売価格について、少なくとも現行の不当廉売関税の課税額と同等の値下げを余儀なくされると推定される。

＊ その結果、本邦の産業は、製造原価を下回る価格設定を強いられることとなり、各損害に係る指標の悪化を招き、ひいては必要最小限の設備投資もできなくなると考えられる。

＊ 以上から、不当廉売輸入による損害の事実が指定された期間の満了後に再発するおそれがあると認定した。

ハ 調査により得られた結論

以上から、不当廉売された調査対象貨物の輸入が指定された期間の満了後に再発するおそれがあり、また、不当廉売輸入による損害の事実が指定された期間の満了後に再発するおそれがあると認められたことから、不当廉売関税を課する期間を延長する必要がある。

7 課税期間の延長の決定

令和5年1月24日、財務省にて「関税・外国為替等審議会関税分科会特殊関税部会」が開催され、中国産高重合度ポリエチレンテレフタレートに対して不当廉売関税を課する期間を延長することについて諮問が行われ、当該諮問のとおり行うことが適当であると認めるとの当該審議会の答申が行われました。

これを受け、同年2月3日、「高重合度ポリエチレンテレフタレートに対して課する不当廉売関税に関する政令（平成29年政令第234号）」の一部を改正する政令（令和5年政令第28号）が公布、同年2月4日に施行され、課税期間が令和10年2月2日まで5年間延長されました。

＜事例③＞
大韓民国産及び
中華人民共和国産水酸化カリウム

（概要）

1. 大韓民国産及び中華人民共和国産水酸化カリウムについては、平成27年4月3日、国内生産者団体であるカリ電解工業会から課税の求めが行われ、同年5月26日、調査が開始されました。

   平成28年3月25日、仮の決定が行われ、同年4月9日から暫定措置が発動されました。（暫定的な不当廉売関税率は大韓民国産49.5％、中華人民共和国産73.7％）

   調査期間が3か月延長され、調査の結果、平成28年8月3日、不当廉売関税（確定措置）を課すことが決定されました。（不当廉売関税率は暫定的な不当廉売関税率と同じ、課税期間は平成28年8月9日から令和3年8月8日までの5年間）

2. 令和2年7月7日、国内生産者団体であるカリ電解工業会から課税期間の延長の求めが行われ、令和2年8月31日、課税期間延長の調査が開始されました。

   調査の結果、令和3年8月13日、課税期間の延長が決定されました。（課税期間は令和8年8月12日まで5年間延長）

   (注) 前記1の課税期間の経過後（令和3年8月9日以降）も、課税期間延長の調査中であったことから、当該調査が終了するまでの間は課税が継続されることとなりました。

（本件貨物の特徴と用途）

　水酸化カリウムは、「商品の名称及び分類についての統一システム（HS）」の品目表第2815.20号に分類され、水に溶解した液体品又は白色片状の固形物であり、主として、化学肥料の原料、アルカリ電池の電解液、写真の現像液、無機化学の反応助剤、合成樹脂重合反応剤、コンクリート混和剤原料、液体石鹸や洗剤の原料等として用いられます。

1 現行の措置の内容

水酸化カリウムに対して課される不当廉売関税は、発動政令である「水酸化カリウムに対して課する不当廉売関税に関する政令（平成28年政令第196号）」（平成28年4月3日公布、同年4月9日施行、最終改正は令和3年8月14日施行）において定められており、下記(1)の貨物であって、(2)の国を原産地とするもののうち、(3)の期間内に輸入されるものに対して、(4)の税率の不当廉売関税が課されています。

(1) 対象貨物

関税定率法別表第2815.20号に掲げる水酸化カリウム（かせいカリ）

(2) 対象国

大韓民国（以下、「韓国」）又は中華人民共和国（香港地域及びマカオ地域を除く。以下、「中国」）

(3) 対象期間

平成28年8月9日から令和8年8月12日まで
（注：平成28年4月9日から同年8月8日まで暫定措置発動）

(4) 不当廉売関税率

＊ 韓国を原産地とするもの：49.5％
＊ 中国を原産地とするもの：73.7％

2 課税の求め

平成27年4月3日、国内生産者団体であるカリ電解工業会（申請者）から財務大臣宛に課税の求めが行われました。

申請者の主張の概要は下記 (1) ～ (3) のとおり。

(1) 申請者が本邦の産業に利害関係を有する者に該当する事実

申請者は、本邦において調査対象貨物と同種の貨物を生産している本邦生産者 4 社が加盟する業界団体であり、平成26年における国内総生産量に占める申請者のシェアは100％である。

(2) 不当廉売された調査対象貨物の輸入の事実

イ　正常価格については、次の表の左欄に掲げる調査対象貨物の区分に応じ、同表の右欄に掲げる価格を採用した。

調査対象貨物	正常価格
韓国を原産地とする水酸化カリウム	韓国における調査対象貨物の国内販売価格
中国を原産地とする水酸化カリウム	中国と比較可能な最も近い経済発展段階にある国における調査対象貨物の国内販売価格

ロ　本邦向け輸出価格については、本邦の輸入通関価格から輸出諸掛り、海上輸送費及び海上保険料を控除して算定した。

ハ　前記イ及びロにより、韓国及び中国からの輸入貨物に係る平成26年のダンピング・マージン率を算出すると、韓国については56.88％、中国については81.15％となる。

(3) 不当廉売された調査対象貨物の輸入が本邦の産業に与える実質的な損害等の事実

イ　不当廉売された調査対象貨物について、韓国からの輸入量は平成22年には11,639トンであったが、平成26年には24,467トンに増加しており、国内需要量に占める市場占拠率を拡大した。

中国からの輸入量は平成22年には2,723トンである一方、平成26年には1,100トンに減少しているが、直近 3 年間でみると増加傾向にあり、国内需要量に占める市場占拠率を拡大した。

ロ　不当廉売された調査対象貨物の低価格な国内販売価格と輸入量の増加は、本邦で生産される同種の貨物の国内販売価格を引き下げており、本邦の産業は、製造原価の上昇分を販売価格に転嫁することができず、更に市場占拠率

は減少した。その結果、利益が大幅に減少した。

3 調査の実施と結果

(1) 調査の開始

イ 平成27年5月26日、調査の開始が決定されました。

ロ 調査の対象となる期間は、次のとおり定められました。

① 不当廉売された調査対象貨物の輸入の事実に関する事項については、
平成26年1月1日から同年12月31日までの1年間
(ただし、中国における当該貨物の生産及び販売について市場経済の条件
が浸透している事実に関する事項については、生産者の会社設立の時か
ら平成26年12月31日まで)

② 不当廉売された調査対象貨物の輸入が本邦の産業に与える実質的な損害
等の事実に関する事項については、
平成22年1月1日から平成26年12月31日までの5年間

ハ 利害関係者等からの証拠の提出及び証言等についての期限は、次のとおり
定められました。

＊ 証拠の提出及び証言についての期限‥‥平成27年9月28日

＊ 対質の申出についての期限‥‥‥‥‥‥平成27年10月26日

＊ 意見の表明についての期限‥‥‥‥‥‥平成29年11月26日

＊ 情報の提供についての期限‥‥‥‥‥‥平成29年10月26日

＊ 証拠等の閲覧についての期限‥‥‥‥‥調査終了の日

(2) 仮の決定

平成28年3月25日、不当廉売された貨物の輸入の事実及び当該輸入の本邦
の産業に与える実質的な損害等の事実を推定することについての決定(「仮の決
定」)が行われました。

調査により判明した事実及びこれにより得られた結論は、下記イ〜ハのとお
り。

イ 調査対象貨物の供給者

① 調査当局が知り得た韓国の供給者は、

＊　UNID Company Ltd.（以下、「UNID」）
②　調査当局が知り得た中国の供給者は、
＊　UNID Jiangsu Chemical Co.,Ltd.
＊　Jiangsu OCI Chemical Ltd.（以下、「OCI」）

ロ　不当廉売された調査対象貨物の輸入の事実

A　韓国を原産地とする不当廉売された調査対象貨物の輸入の事実
i　供給者
　調査当局が知り得た供給者に対して質問状等を送付したところ、UNIDからのみ本邦への輸出の実績がある旨の回答があった。その他の供給者については特定されていない。このため、UNIDについて不当廉売差額率を算出し、韓国のその他の供給者については、UNIDの不当廉売差額率に基づき算出した。
ii　正常価格
　正常価格の算出に当たり、調査対象貨物の供給者であるUNIDに対して質問状を送付したところ、UNIDが提出した国内販売価格等に関する証拠についてその正確さを確認することができなかった。また、UNIDの回答は、妥当な期間内に必要な情報の入手を許さず若しくはこれを提供しない場合又は調査を著しく妨げる場合に該当した。
　よって、知ることができた事実として、UNIDを供給者とする調査対象貨物については、申請者が申請書において主張する韓国における調査対象貨物の国内販売価格を用いることとした。
iii　輸出のための販売価格
　輸出のための販売価格の算出に当たり、調査対象貨物の供給者であるUNIDに対して質問状を送付したところ、UNIDが提出した輸出のための販売価格等に関する証拠についてその正確さが確認されたため、UNIDの本邦向け輸出取引価格を用いることとした。
iv　不当廉売差額率
　輸出価格と正常価格との比較により不当廉売差額率を算出した結果、UNIDを供給者とする調査対象貨物の不当廉売差額率については、59.95％であった。
　その他の者を供給者とするものであって韓国を原産地とするものにあっては、UNIDの不当廉売差額率に基づき判断した結果、59.95％であると認められた。

96 第3部　不当廉売関税の最近の発動事例

B　中国を原産地とする不当廉売された調査対象貨物の輸入の事実

i　供給者

調査当局が知り得た供給者に対して質問状等を送付したところ、OCIからのみ本邦への輸出の実績がある旨の回答があった。その他の供給者については特定されていない。このため、OCIについて不当廉売差額率を算出し、中国のその他の供給者については、OCIの不当廉売差額率に基づき算出した。

ii　正常価格

正常価格の算出に当たり、調査対象貨物の供給者であるOCIに対して質問状を送付したところ、市場経済の条件が浸透している事実があることを明確に示せなかったため、正常価格算出のために代替国国内販売価格を用いることとした。

iii　輸出のための販売価格

輸出のための販売価格の算出に当たり、調査対象貨物の供給者であるOCIに対して質問状を送付したところ、指定された期限までに必要な情報が提供されなかった。

よって、知ることができた事実として、OCIを供給者とする調査対象貨物については、中国税関が提供する輸出貿易統計のデータを用いることとした。

iv　不当廉売差額率

輸出価格と正常価格との比較により不当廉売差額率を算出した結果、OCIを供給者とする調査対象貨物の不当廉売差額率については、91.66％であった。

その他の者を供給者とするものであって中国を原産地とするものにあっては、OCIの不当廉売差額率に基づき判断した結果、91.66％であると認められた。

C　結論

以上から、UNID及びその他の者を供給者とする韓国を原産地とする調査対象貨物並びに、OCI及びその他の者を供給者とする中国を原産地とする調査対象貨物について不当廉売された調査対象貨物の輸入の事実が推定された。

ハ　不当廉売された調査対象貨物の輸入が本邦の産業に与える実質的な損害等の事実

本邦へ輸入される調査対象貨物（以下、「当該輸入貨物」）は、本邦の市場での販売量を年々増加させた。また、当該輸入貨物は、本邦において生産された当該輸入貨物と同種の貨物（以下、「本邦産同種の貨物」）との高い代替性を有しており、取引において価格が重視される中、本邦産同種の貨物の国内取引価格を著しく下回る価格で輸入された。

本邦の産業については、当該輸入貨物の輸入の増加の影響を受け、販売量、

利潤その他の指標が悪化した。

以上から、当該輸入貨物の輸入が本邦の産業に対し、実質的な損害を与えたと推定された。

ニ　調査により判明した事実に係る証拠の提出等についての期限

調査により判明した事実に係る証拠の提出等についての期限は、次のとおり定められた。

*　証拠の提出についての期限‥‥平成28年4月15日
*　意見の表明についての期限‥‥平成28年4月15日

（3）暫定措置の発動

前記（2）の仮の決定を踏まえ、平成28年3月28日、財務省にて「関税・外国為替等審議会関税分科会特殊関税部会」が開催され、水酸化カリウムに対して暫定的な不当廉売関税を課することについて諮問が行われ、当該諮問のとおり行うことが適当であると認めるとの当該審議会の答申が行われました。

これを受け、同年4月8日、発動政令である「水酸化カリウムに対して課する暫定的な不当廉売関税に関する政令（平成28年政令第196号）」が公布、同年4月9日に施行され、暫定措置が発動されました。（課税期間は平成28年4月9日から平成33年（令和3年）8月8日までの4か月間）

（4）調査期間の延長

平成28年5月24日、調査の透明性を確保しつつ、利害関係者から提出された証拠等の更なる検討を行うため、調査期間を3か月延長し、平成28年8月25日までとすることとされました。

（5）調査の結果

調査により判明した事実及びこれにより得られた結論は、下記イ〜ハのとおり。

イ　不当廉売された調査対象貨物の輸入の事実

前記（2）（仮の決定）のロと概ね同旨のことから、韓国及び中国を原産地とする不当廉売された調査対象貨物の輸入が認められた。

98 第3部 不当廉売関税の最近の発動事例

ロ 不当廉売された調査対象貨物の輸入が本邦の産業に与える実質的な損害等の事実

　本邦へ輸入される不当廉売された調査対象貨物（以下、「当該輸入貨物」）の量が、本邦の市場における需要量が調査対象期間を通じてほぼ横ばいの中、年々増加した。このため、本邦において生産された当該輸入貨物と同種の貨物の販売量は減少し、販売価格も引き下げられた。この結果、本邦の産業については、売上高が大きく低下し、利潤その他の指標が悪化した。

　以上から、当該輸入貨物の輸入が本邦の産業に対し、実質的な損害を与えたと認められた。

ハ 結論

　以上のとおり、不当廉売された貨物の輸入の事実及び当該輸入の本邦の産業に与える実質的な損害等の事実が認められ、当該本邦の産業を保護するため不当廉売関税を課することが必要であると認められた。

4 課税の決定

　平成28年6月27日〜同年7月11日、「関税・外国為替等審議会関税分科会特殊関税部会」が持ち回りにより開催され、水酸化カリウムに対して不当廉売関税を課することについて諮問が行われ、当該諮問のとおり行うことが適当であると認めるとの当該審議会の答申が行われました。

　これを受け、同年8月3日、「水酸化カリウムに対して課する暫定的な不当廉売関税に関する政令（平成28年政令第196号）」の一部を改正する政令（平成28年政令第278号）が公布、同年8月9日に施行され、確定措置が発動されました。（政令の改正内容は、政令の題名を「水酸化カリウムに対して課する不当廉売関税に関する政令」に改めること、不当廉売関税の課税期間を平成28年8月9日から平成33年（令和3年）8月8日までの5年間とすること、平成28年4月9日から同年8月8日までの期間内に輸入された暫定不当廉売関税賦課貨物に不当廉売関税を課すること等）

5 課税期間の延長の求め

　令和2年7月7日、国内生産者団体であるカリ電解工業会（申請者）から財務大臣宛に課税期間の延長の求めが行われました。

　申請者の主張の概要は下記（1）～（3）のとおり。

（1）申請者が本邦の産業に利害関係を有する者に該当する事情

　申請者は、本邦において指定貨物（指定貨物とは、不当廉売関税の課税対象貨物である水酸化カリウムのことをいう）と同種の貨物を生産している生産者4社が加盟する業界団体であり、平成31年1月1日から令和元年12月31日までにおける当該同種の貨物の本邦における総生産高に占める当該4社の生産高の割合は100％である。

（2）不当廉売された指定貨物の輸入が指定された期間の満了後に継続し又は再発するおそれに関する事項

イ　正常価格について、韓国を原産地とする指定貨物については韓国における指定貨物と同種の貨物の国内販売価格、中国を原産地とする指定貨物については中国と比較可能な最も近い経済発展段階にある国における指定貨物と同種の貨物の国内販売価格を採用した。

ロ　本邦向け輸出価格について、韓国を原産地とする指定貨物については、本邦の輸入通関価格から海上輸送費等を控除して算定し、中国を原産地とする指定貨物については、調査対象期間において中国から本邦に対する輸出実績はなかったことから、中国から第三国に対する輸出価格を採用した。

ハ　前記イ及びロによると、韓国を原産地とする指定貨物の本邦向け価格は正常価格を下回っており、平成31年1月1日から令和元年12月31日までの不当廉売差額率（指定貨物の正常価格と本邦向け輸出価格との差額を本邦向け輸出価格で除したもの）を算出すると、66.63％となる。また、中国を原産地とする指定貨物と同種の貨物の第三国に対する輸出価格は正常価格を下回っている。

ニ　韓国及び中国の供給者は余剰生産能力を有しており、当該供給国内及び海外においてその追加的な供給を吸収できる市場は存在しない。

　以上のことから、指定された期間（指定された期間とは、水酸化カリウムに

対して課される不当廉売関税の課税期間のことをいう）の満了後、不当廉売された指定貨物の輸入が継続し又は再発するおそれがある。

（3）不当廉売された指定貨物の輸入の本邦の産業に与える実質的な損害等の事実が指定された期間の満了後に継続し又は再発するおそれに関する事項

イ　不当廉売された指定貨物の輸入に対する不当廉売関税の課税後も、本邦産業は当該貨物の価格を引き合いに出され、製造原価の上昇分を販売価格に転嫁できず、価格の押し下げ又は価格上昇の妨げを受けている。その結果、本邦産業は営業利益が平成29年以降下降を続けている等、不当廉売された指定貨物の輸入により生じていた実質的な損害から回復していない。

ロ　韓国及び中国の供給者は余剰生産能力を有しており、当該供給国内及び海外において追加的な供給を吸収できる市場は存在しないことから、指定された期間の満了後、不当廉売された指定貨物の輸入が継続し又は再発するおそれがある。

　以上のことから、指定された期間の満了後、不当廉売された指定貨物の輸入の本邦の産業に与える実質的な損害の事実が継続し又は再発するおそれがある。

6　課税期間延長調査の実施と結果

（1）課税期間延長調査の開始

イ　令和2年8月31日、課税期間延長調査の開始が決定されました。

ロ　調査の対象となる期間は、次のとおり定められました。

① 不当廉売された指定貨物の輸入が指定された期間の満了後に継続し又は再発するおそれに関する事項については、

平成31年1月1日から令和元年12月31日までの1年間

（ただし、中国における当該貨物の生産及び販売について市場経済の条件が浸透している事実に関する事項については、平成27年1月1日から令和元年12月31日まで）

② 不当廉売された指定貨物の輸入の本邦の産業に与える実質的な損害等の事実が指定された期間の満了後に継続し又は再発するおそれに関する事項については、

平成27年1月1日から令和元年12月31日までの5年間

ハ　利害関係者等からの証拠の提出及び証言等についての期限は、次のとおり定められました。

* 証拠の提出及び証言についての期限・・・・令和2年11月30日
* 対質の申出についての期限・・・・・・・・・・・令和3年1月4日
* 意見の表明についての期限・・・・・・・・・・・令和3年1月4日
* 情報の提供についての期限・・・・・・・・・・・令和3年1月4日
* 証拠等の閲覧についての期限・・・・・・・・課税期間を延長することの決定、課税期間を延長しないことの決定又は調査を取りやめることの決定等に係る告示の日

ニ　申請者の課税期間の延長の求めに対する関係生産者等又は関係労働組合の支持の状況について

　　本邦の産業を所管する大臣（経済産業大臣）が、関係生産者等に対し、課税期間の延長の求めに対する支持の状況を確認したところ、当該求めを支持している関係生産者等の指定貨物と同種の貨物の本邦における生産高の合計が当該求めに反対することを明らかにしている関係生産者等の当該貨物の本邦における生産高の合計を超えていた、とされています。

(2) 課税期間延長調査の結果

　　調査により判明した事実及びこれにより得られた結論は、下記イ～ハのとおり。

イ　不当廉売された調査対象貨物の輸入が指定された期間の満了後に継続し又は再発するおそれに関する事項

A　韓国を原産地とする不当廉売された調査対象貨物の輸入の事実

i　供給者

　　調査当局が知り得た供給者に対して質問状を送付したところ、回答の提出はなかった。

ii　正常価格

　　正常価格の算出に当たり、調査当局が知り得た供給者に対して質問状を送付したところ、回答の提出がなかったことから、知ることができた事実に基づき、申請書において正常価格とされている、韓国国内販売価格を用いることとした。

iii　輸出価格

　　輸出価格の算出に当たり、調査当局が知り得た供給者に対して質問状を送付

102 第3部 不当廉売関税の最近の発動事例

したところ、回答の提出がなかったことから、知ることができた事実に基づき、申請書において輸出価格とされている価格を用いることとした。

iv 不当廉売差額率

　正常価格と輸出価格との比較により不当廉売差額率を算出した結果、調査当局が知り得た供給者のうち回答の提出が無かった者及び調査当局が知り得なかった者を供給者とする調査対象貨物の不当廉売差額率については66.51％であった。

B 韓国を原産地とする不当廉売された調査対象貨物の輸入が指定された期間の満了後に継続し又は再発するおそれ

＊ 不当廉売された調査対象貨物の輸入の事実があることに加え、供給者には相当程度の余剰生産能力があり、供給者の将来の生産は増加が見込まれ、追加的な増産を全て吸収できる自国市場及び海外市場は存在しない状況が認められた。

＊ 以上から、不当廉売された調査対象貨物の輸入が指定された期間の満了後に継続するおそれがあると認定した。

C 中国を原産地とする不当廉売された調査対象貨物の輸入の事実

i 供給者

　調査当局が知り得た供給者に対して質問状を送付したところ、回答の提出はなかった。

ii 正常価格

　正常価格の算出に当たり、調査当局が知り得た供給者に対して質問状を送付したところ、回答の提出がなく、市場経済の条件が浸透している事実を確認できなかったことから、正常価格の算出のために代替国価格を用いることとした。

iii 輸出価格

　輸出価格の算出に当たり、調査当局が知り得た供給者に対して質問状を送付したところ、回答の提出がなかったことから、知ることができた事実に基づき、申請書の情報を用いることとした。調査対象期間において中国から本邦に対する調査対象貨物の輸出実績はなかったことから、申請書において中国から第三国への輸出価格とされている価格を用いることとした。

iv 不当廉売差額率

　正常価格と輸出価格との比較により不当廉売差額率を算出した結果、調査当局が知り得た供給者のうち回答の提出が無かった者及び調査当局が知り得なかった者を供給者とする調査対象貨物の不当廉売差額率については51.02％であった。

事例③　大韓民国産及び中華人民共和国産水酸化カリウム　**103**

D　中国を原産地とする不当廉売された調査対象貨物の輸入が指定された期間の満了後に継続し又は再発するおそれ

＊　中国の供給者は調査対象期間において本邦に対する調査対象貨物の輸出実績はないものの、第三国に対して調査対象貨物と同種の貨物の輸出を行っており、当該第三国への輸出価格は正常価格より低いものであった。

＊　また、供給者には相当程度の余剰生産能力があり、供給者の将来の生産は増加が見込まれ、追加的な増産を全て吸収できる自国市場及び海外市場は存在しない状況が認められた。

＊　以上から、不当廉売された調査対象貨物の輸入が指定された期間の満了後に再発するおそれがあると認定した。

ロ　不当廉売された調査対象貨物の輸入の本邦の産業に与える実質的な損害等の事実（以下、「不当廉売輸入による損害の事実」）が指定された期間の満了後に継続し又は再発するおそれに関する事項

＊　調査対象貨物は、不当廉売関税に係る課税措置の下においても輸入が継続しており、その輸入価格は本邦産同種の貨物の国内販売価格を常に下回っていた。また、調査対象貨物と本邦産同種の貨物は代替性を有しており、取引において価格が重視される中、本邦の産業は調査対象貨物を引き合いに出され、値上げ幅の圧縮や価格の引き下げを余儀なくされていた。

＊　調査対象貨物が本邦の産業に与える損害に係る指標については、現行の不当廉売関税に係る措置により、改善が見られるが、製造原価の影響の吸収余力が少なく、平成30年以降は営業利益が悪化するなど本邦の産業への悪影響が現れていたことから、本邦の産業は損害を受けやすい脆弱な状況にある。

＊　指定された期間が満了した場合には、調査対象貨物の本邦における販売価格は、少なくとも現行の不当廉売関税の課税額と同等程度下落しうると考えられ、本邦の産業は更なる国内販売価格の引き下げを余儀なくされると推定される。

＊　その結果、本邦の産業は、製造原価を下回る価格設定を強いられることとなり、事業継続が極めて困難になると考えられる。

＊　以上から、不当廉売輸入による損害の事実が指定された期間の満了後に継続し、又は再発するおそれがあると認定した

ハ　調査により得られた結論

　　以上から、不当廉売された調査対象貨物の輸入が指定された期間の満了後に継続し又は再発するおそれがあり、また、不当廉売輸入による損害の事実が指

定された期間の満了後に継続し、又は再発するおそれがあると認められたことから、不当廉売関税を課する期間をする必要がある。

7　課税期間の延長の決定

　令和3年8月2日、財務省にて「関税・外国為替等審議会関税分科会特殊関税部会」が開催され、水酸化カリウムに対して不当廉売関税を課する期間を延長することについて諮問が行われ、当該諮問のとおり行うことが適当であると認めるとの当該審議会の答申が行われました。

　これを受け、令和3年8月13日、「水酸化カリウムに対して課する不当廉売関税に関する政令(平成28年政令第196号)」の一部を改正する政令(令和3年政令第231号)が公布、同年8月14日に施行され、課税期間が令和8年8月12日まで5年間延長されました。

(出所：関係政令、省令、告示を基に作成)

第4部
経済連携協定に基づく
関税の緊急措置

106 第4部 経済連携協定に基づく関税の緊急措置

　我が国が締結した経済連携協定に基づき関税の撤廃又は引下げを行ったことにより、当該経済連携協定の締結相手国からの特定の種類の貨物の輸入が増加し、その輸入の増加により国内産業に重大な損害がある場合において、国民経済上緊急に必要があると認められるときには、当該経済連携協定に基づき、関税の緊急措置(関税の更なる引下げの停止又は関税の引上げ)を発動することができるとされています。

　経済連携協定に基づく関税の緊急措置の制度は、各経済連携協定において定められており、それを国内で実施するため、国内法令では、関税暫定措置法等において定められています。

　第4部では、経済連携協定に基づく関税の緊急措置について、発動する際の要件、措置の内容等を説明します。

1 関税暫定措置法等

　経済連携協定に基づく関税の緊急措置の制度については、国内法令では、**関税暫定措置法第7条の7**に規定されており、また、「**経済連携協定に基づく関税の緊急措置に関する政令**」において手続等の細部が定められています。

　国内法令の前提として各経済連携協定において関税の緊急措置の制度が定められていますが、経済連携協定によっては発動条件等について規定の内容が異なっているところがあります。上記の国内法令においては、各経済連携協定に原則として共通する国内で実施するための要件・手続等について規定されており、国内法令に規定されていない事項については、各経済連携協定の規定が適用されることとなります。

　まず、関税暫定措置法第7条の7及び「経済連携協定に基づく関税の緊急措置に関する政令」の規定の内容について説明します。

(注)「経済連携協定」とは、関税暫定措置法上、「世界貿易機関(WTO)を設立するマラケシュ協定附属書1Aの1994年の関税及び貿易に関する一般協定第24条8(b)に規定する自由貿易地域を設定するための措置その他貿易の自由化、投資の円滑化等の措置を総合的に講ずることにより我が国と我が国以外の締約国(固有の関税及び貿易に関する制度を有する地域を含む)との間の経済上の連携を強化する条約その他の国際約束であって、その適確な実施を確保するためこの法律に基づく措置を講ずることが必要なものとして政令で定めるものをいう。」とされている。

　経済連携協定(政令で定める国際約束)として、関税暫定措置法施行令におい

て現在20本の協定が定められています。（20本の協定名は**Column 5**参照）

Column 5

経済連携協定（EPA）、自由貿易協定（FTA）とは

　幅広い経済関係の強化を目指して、貿易や投資の自由化・円滑化を進める協定です。日本は当初から、より幅広い分野を含むEPAを推進してきました。近年世界で締結されているFTAの中には、日本のEPA同様、関税撤廃・削減やサービス貿易の自由化にとどまらない、さまざまな新しい分野を含むものも見られます。

* 自由貿易協定（FTA）：特定の国や地域の間で、物品の関税やサービス貿易の障壁等を削減・撤廃することを目的とする協定
* 経済連携協定（EPA）：貿易の自由化に加え、投資、人の移動、知的財産の保護や競争政策におけるルール作り、さまざまな分野での協力の要素等を含む、幅広い経済関係の強化を目的とする協定

　日本では、以下のとおり、2002年11月発効の日シンガポールEPAから始まり、2022年1月発効のRCEPまで、約20年間で20本の協定が発効しています。

　なお、これらの協定を締結している相手国及び地域と日本との間での貿易額は、日本の対世界貿易総額の78.8％を占めています（2024年1月公表財務省貿易統計）。

* 日シンガポールEPA（新たな時代における経済上の連携に関する日本国とシンガポール共和国との間の協定）2002年11月発効
* 日メキシコEPA（経済上の連携の強化に関する日本国とメキシコ合衆国との間の協定）2005年4月発効
* 日マレーシアEPA（経済上の連携に関する日本国政府とマレーシア政府との間の協定）2006年7月発効
* 日チリEPA（戦略的な経済上の連携に関する日本国とチリ共和国との間の協定）2007年9月発効
* 日タイEPA（経済上の連携に関する日本国とタイ王国との間の協定）2007年11月発効
* 日インドネシアEPA（経済上の連携に関する日本国とインドネシア共和国との間の協定）2008年7月発効
* 日ブルネイEPA（経済上の連携に関する日本国とブルネイ・ダルサラーム国との間の協定）2008年7月発効
* 日ASEAN・EPA（包括的な経済上の連携に関する日本国及び東南アジア諸国連合構成国の間の協定）2008年12月発効
* 日フィリピンEPA（経済上の連携に関する日本国とフィリピン共和国との

間の協定) 2008年12月発効

* 日スイスEPA (日本国とスイス連邦との間の自由な貿易及び経済上の連携に関する協定) 2009年9月発効
* 日ベトナムEPA (経済上の連携に関する日本国とベトナム社会主義共和国との間の協定) 2009年10月発効
* 日インドEPA (日本国とインド共和国との間の包括的経済連携協定) 2011年8月発効
* 日インドEPA (経済上の連携に関する日本国とペルー共和国との間の協定) 2012年3月発効
* 日豪EPA (経済上の連携に関する日本国とオーストラリアとの間の協定) 2015年1月発効
* 日モンゴルEPA (経済上の連携に関する日本国とモンゴル国との間の協定) 2016年6月発効
* CPTPP (環太平洋パートナーシップに関する包括的及び先進的な協定) 2018年12月発効
* 日EU・EPA (経済上の連携に関する日本国と欧州連合との間の協定) 2019年2月発効
* 日米貿易協定 (日本国とアメリカ合衆国との間の貿易協定) 2020年1月発効
* 日英EPA (包括的な経済上の連携に関する日本国とグレートブリテン及び北アイルランド連合王国との間の協定) 2021年1月発効
* RCEP (地域的な包括的経済連携協定) 2022年1月発効

(出所:外務省ホームページを基に作成)

(1) 発動要件

　経済連携協定に基づく関税の緊急措置は、次の要件を充足する場合に、当該経済連携協定の規定に基づき、発動することができます。

① 経済連携協定に基づき関税の譲許(関税の撤廃又は引下げ)を行ったことにより、特定の種類の貨物(当該経済連携協定に基づき譲許の便益の適用を受けるものに限る)の輸入が増加した事実(「**特定貨物の輸入増加の事実**」という)があり、

② 当該貨物の輸入の増加が重要な原因となって、これと同種の貨物その他用途が直接競合する貨物の生産に関する本邦の産業に重大な損害を与え又は与えるおそれがある事実(「**本邦の産業に与える重大な損害等の事実**」という)が

ある場合において、

③ **国民経済上緊急に必要があると認められるとき**

なお、「本邦の産業」とは、当該輸入貨物と同種の貨物その他用途が直接に競合する貨物（「同種貨物等」という）の**本邦における総生産高に占める生産高の割合が相当の割合以上である本邦の生産者**をいう。

(2) 措置の内容

経済連携協定に基づく関税の緊急措置の内容としては、当該経済連携協定の規定に基づき、国（固有の関税及び貿易に関する制度を有する地域を含む）、貨物、期間を指定し、次の措置をとることができます。

① 指定貨物について当該経済連携協定に基づき更なる関税率の引下げを行うものとされている場合において、指定期間内に輸入される指定貨物の全部について、又は指定貨物のうち一定の数量若しくは額を超えるものについて、**更なる関税率の引下げを行わないものとすること。**

② 指定期間内に輸入される指定貨物の全部について、又は指定貨物のうち一定の数量若しくは額を超えるものについて、「関税定率法別表に定める基本税率（関税暫定措置法による暫定税率の適用があるときは暫定税率）」と「WTO協定税率」のうちいずれか低いもの（「**実行税率**」という）の**範囲内において関税率を引き上げること。**

(注)「WTO協定税率」とは、世界貿易機関（WTO）を設立するマラケシュ協定附属書1Aの1994年の関税及び貿易に関する一般協定のマラケシュ議定書に附属する譲許表の第38表の日本国の譲許表に定める税率をいう。

なお、措置の内容の詳細は、当該経済連携協定の規定に基づき、発動政令で定めることになります。

(3) 調査の実施

イ 調査の開始の決定

「特定貨物の輸入増加の事実」及びこれによる「本邦の産業に与える重大な損害等の事実」についての**十分な証拠がある場合**において、必要があると認めるときは、政府は、これらの**事実の有無につき調査**を行います。

(注)調査に関する協議等

調査に関して、産業所管大臣、財務大臣、経済産業大臣は、以下のとおり協議等を行うものとされている。

110 第4部 経済連携協定に基づく関税の緊急措置

1．本邦の産業を所管する大臣（産業所管大臣）は、当該産業に利害関係を有する者の求めがあることその他の事情を勘案して必要があると認めるときは、特定の種類の貨物に係る関税法第102条第1項第1号に掲げる事項の統計の数値（その数値に合理的と認められる調整を加えて得た数値を含む）並びに当該貨物の国内における販売状況及び生産状況を示す数値その他調査を開始するに足りる十分な証拠の有無を判定するために必要な資料を提供した上で、財務大臣及び経済産業大臣に対し調査の開始に係る協議を行う必要がある旨を通知するものとする。

2．前記1の通知があった場合には、財務大臣、産業所管大臣及び経済産業大臣は、前記1の証拠の有無を判定した上で、調査を開始し又は開始しないことを決定するものとする。

3．調査を開始することを決定した場合には、財務大臣、産業所管大臣及び経済産業大臣は、調査（調査の結果の取扱いを含む）に関し常に緊密な連絡を保つとともに、これらに関する重要事項について協議の上定めるものとする。

ロ　調査の開始の告示

調査を開始することが決定されたときは、財務大臣は、速やかに、その旨及び次に掲げる事項を官報で告示します。

＊　調査の対象となる国（固有の関税及び貿易に関する制度を有する地域を含む）

＊　調査に係る貨物の品名、銘柄、型式、特徴

＊　調査を開始する年月日

＊　調査の対象となる期間

＊　調査の対象となる事項の概要

＊　「証拠の提出及び証言」、「意見の表明」、「情報の提供」についてのそれぞれの期限

＊　証拠等、意見、情報等の「閲覧」についての期限

＊　閲覧の対象とされた証拠等、意見、情報等に関する「証拠の提出及び証言」、「意見の表明」、「情報の提供」についてのそれぞれの期限

＊　その他参考となるべき事項

ハ　証拠の提出等（利害関係者等の調査への関与）

調査に際して、利害関係者等は、以下のとおり「証拠の提出及び証言」、「意見の表明」、「情報の提供」、これらの「閲覧」を行うことができ、調査に関与することができます。（「緊急関税等に関する政令」の第4条から第9条までを準用）

① 証拠の提出及び証言

利害関係者（輸入貨物の生産者・輸出者又はその団体、輸入者又はその団体、

同種貨物等の本邦における生産者又はその団体、同種貨物等の本邦における生産に従事する者を構成員とする労働組合をいう）は、「特定貨物の輸入増加の事実」及びこれによる「本邦の産業に与える重大な損害等の事実」に関し、証拠の提出又は証言をすることができる等（同令第4条）

② 意見の表明

　利害関係者、調査に係る貨物の産業上の使用者・販売者又はその団体（「**産業上の使用者等**」という）、当該貨物の**主要な消費者の団体**（当該貨物が小売に供されている場合に限る）は、調査に関し意見を表明することができる等（同令第5条）

③ 情報の提供

　産業上の使用者等、**主要な消費者の団体**（当該貨物が小売に供されている場合に限る）は、調査の対象となっている事項に関する情報を提供することができる等（同令第6条）

④ 証拠等、意見、情報等の閲覧

　利害関係者、**産業上の使用者等**、**主要な消費者の団体**（当該貨物が小売に供されている場合に限る）は、提出された証拠等、表明された意見、提供された情報等を閲覧することができる等（同令第7条）

⑤ 閲覧対象に関する証拠の提出及び証言、意見の表明、情報の提供

　閲覧の対象とされた証拠等、意見、情報等に関し、利害関係者等は、上記と同様に、証拠の提出又は証言、意見の表明、情報の提供を行うことができる等（同令第8条）

⑥ 公聴会

　財務大臣は、提出された証拠若しくはなされた証言、表明された意見又は提供された情報が十分でないと認めるときは、調査の期間中、当該調査に関し公聴会を開き、利害関係者の証言若しくは利害関係者、産業上の使用者等若しくは主要な消費者の団体の意見を聴き、又は産業上の使用者等若しくは主要な消費者の団体による情報の提供を受けることができる（同令第9条）。

(4) 暫定措置

　前記（3）の調査が開始された場合において、その調査の完了前においても、

十分な証拠により「特定貨物の輸入増加の事実」及びこれによる「本邦の産業に与える重大な損害等の事実」を**推定**することができ、**国民経済上特に緊急に必要**があると認められるときは、政府は、当該経済連携協定の規定に基づき、国、貨物、期間を指定し、前記(2)①②と同様の内容の措置(**暫定措置**)をとることができます。

(5) 暫定措置により課された関税の還付

前記(3)の調査が終了したときは、関税の緊急措置(確定措置)をとる場合を除き、政府は、暫定措置により課された関税を速やかに還付しなければなりません。

また、暫定措置により課された関税の額が、暫定措置がとられていた期間内に輸入される暫定措置の対象として指定された貨物について、確定措置により関税が課されるものとした場合に課される関税の額を超える場合には、当該超える部分の関税について同様に還付しなければなりません。(すなわち、確定措置をとらない場合には、暫定措置により課された関税を全額還付し、確定措置をとる場合に、暫定措置により課された関税が確定措置により課される関税を超える場合には、超える部分の関税を還付する。)

(6) 発動期間の延長

特別の理由により必要があると認められるときは、当該経済連携協定の規定に基づき、**指定された期間を延長**することができます。

(7) 関税の緊急措置をとること等の告示

関税の緊急措置(確定措置)又は暫定措置をとること、確定措置を延長すること、確定措置を撤回すること又は緩和することが決定されたときは、財務大臣は、速やかに、その旨及び次に掲げる事項を官報で告示します。

* 確定措置又は暫定措置の指定に係る国
* 確定措置又は暫定措置の指定に係る貨物の品名、銘柄、型式、特徴
* 確定措置又は暫定措置の指定された期間(確定措置を撤回し又は緩和するときは、当該撤回又は緩和の期日を含む)
* 調査により判明した事実及びこれにより得られた結論(確定措置を延長するとき、確定措置を撤回し又は緩和するときを除く)
* 確定措置を延長するときは、その理由

＊　確定措置を緩和したときは、その内容
　　＊　その他参考となるべき事項
　また、調査の結果、確定措置をとらないことが決定されたときは、財務大臣
は、速やかに、その旨及び次に掲げる事項を官報で告示します。
　　＊　調査の対象の国
　　＊　調査に係る貨物の品名、銘柄、型式、特徴
　　＊　調査により判明した事実及びこれにより得られた結論
　　＊　その他参考となるべき事項

(8) 補償措置

　特定の貨物について関税の緊急措置をとる場合又はとった場合には、当該経
済連携協定の規定に基づき、当該貨物以外の貨物で関税の譲許がされているも
のについてその譲許を修正し、又は関税の譲許がされていないものについて新
たに譲許をし、その**修正又は譲許をした後の税率を適用**することができます。

(9) 対抗措置

　経済連携協定の我が国以外の締約国において当該経済連携協定の規定に基づ
き関税の緊急措置がとられた場合には、当該経済連携協定の規定に基づき、国
及び関税の譲許がされている貨物を指定し、その貨物の全部又は一部について
譲許の適用を停止し、**実行税率の範囲内の税率による関税を課する**ことができ
ます。
(注) 財務大臣は、対抗措置とるため必要があると認めるときは、外務大臣、農林水産大臣、経
　　済産業大臣その他関係行政機関の長に対し、関税の譲許の適用を停止すべき国及び貨物並
　　びに適用すべき関税の税率について意見を求めることができる。
　　　外務大臣、農林水産大臣、経済産業大臣その他関係行政機関の長は、財務大臣から意見
　　を求められたときは、正当な理由がある場合を除き、その求めがあった日から起算して30
　　日以内に書面により意見を述べなければならない。

(10) 補償措置及び対抗措置をとる際の配慮事項

　前記 (8) の補償措置及び前記 (9) の対抗措置は、それぞれその効果が関税の
緊急措置の補償又は我が国以外の締約国の緊急措置に対する対抗措置として必
要な限度を超えず、かつ、その国民経済に対する影響ができるだけ少ないもの

114 第4部　経済連携協定に基づく関税の緊急措置

とするような配慮のもとに行わなければなりません。

(11) 関税・外国為替等審議会への諮問等

　関税の緊急措置（確定措置）、補償措置、対抗措置、暫定措置をとること、確定措置を延長すること、確定措置、補償措置、対抗措置を撤回すること又は緩和することが必要であると認められるときは、財務大臣は、速やかに、関税・外国為替等審議会に諮問します。

　ただし、暫定措置を直ちにとる必要があると認められる場合は、この限りでないが、その場合には、速やかに、暫定措置の内容を関税・外国為替等審議会に報告します。

2　経済連携協定における関税の緊急措置の規定

　前記1で説明しましたとおり、各経済連携協定に基づく関税の緊急措置については、経済連携協定によっては発動条件等について規定の内容が異なっているところがあります。

　以下では、我が国が近年締結した経済連携協定であり、かつ、いわゆる"メガEPA"と呼ばれている締約国数が多く、経済規模の大きい経済連携協定であるCPTPP（環太平洋パートナーシップに関する包括的及び先進的な協定）及びRCEP（地域的な包括的経済連携協定）を例にとり、経済連携協定における関税の緊急措置の規定の内容について説明します。

(注) **CPTPPの締約国：**
　　2018年12月30日　メキシコ、日本、シンガポール、ニュージーランド、カナダ、豪州について発効
　　2019年1月14日　ベトナムについて発効
　　2021年9月19日　ペルーについて発効
　　2022年11月29日　マレーシアについて発効
　　2023年2月21日　チリについて発効
　　2023年7月12日　ブルネイについて発効
　　2024年12月15日　英国について発効　計12か国

　　RCEPの締約国：
　　2022年1月1日　日本、ブルネイ、カンボジア、ラオス、シンガポール、タイ、ベトナム、豪州、中国、ニュージーランドについて発効

2022年2月1日　韓国について発効
2023年3月18日　マレーシアについて発効
2023年1月2日　インドネシアについて発効
2023年6月2日　フィリピンについて発効　計14か国

（ミャンマーは現時点では未発効）

（1）CPTPP

　CPTPPにおいては、「第6章　貿易上の救済」の「第A節　セーフガード措置」において関税の緊急措置に関する規定があり、この第6章に基づく関税の緊急措置は「**経過的セーフガード措置**」と呼ばれています。以下、主要な規定をみていきます。

　なお、CPTPPでは、暫定措置についての規定はありません。

（注）CPTPPとTPPの関係

　　CPTPPは、環太平洋パートナーシップ協定（TPP）からの離脱を表明した米国以外の国の11か国間で交渉し、発効（後に英国が加入）。CPTPPの第1条（TPPの組込み）において「締約国は、TPP（一部の規定を除く）の規定が、この協定の規定に従い、必要な変更を加えた上で、この協定に組み込まれ、この協定の一部を成すことをここに合意する。」とあり、TPPの第6章（貿易上の救済）等の各章及び附属書がCPTPPに組み込まれている。

（注）一般セーフガード措置等との関係

　　関税の緊急措置については、①本書第1部で説明した緊急関税（1994年のガット第19条及びセーフガード協定並びに関税定率法第9条に基づくもの、いわゆる"一般セーフガード措置"）があり、CPTPPにおいては、②前述の第6章に基づく経過的セーフガード措置のほか、③附属書2－D（関税に係る約束）の当該締約国の表の付録Bに定めるセーフガード措置、④第4章（繊維及び繊維製品）に基づく緊急措置がある。CPTPPにおいては、同一の産品に対して、これらの①～④の措置の2つ以上を同時にとり又は維持してはならないとされている（本書第4部では第6章について説明）。

イ　定義

冒頭に次の定義が置かれています。
- 「国内産業」とは、輸入産品に関し、締約国の領域において活動する当該輸入産品と同種の若しくは直接に競合する産品の生産者の全体又は当該生産者のうち当該産品の生産高の合計が当該産品の国内総生産高の相当な部分を占めている生産者をいう。
- 「重大な損害」とは、国内産業の状態の著しい全般的な悪化をいう。
- 「重大な損害のおそれ」とは、事実に基づき、明らかに差し迫った重大な

116 第4部　経済連携協定に基づく関税の緊急措置

　　損害と認められるものをいい、申立て、推測又は希薄な可能性にのみ基
　　づくものを含まない。
　＊　「経過期間」とは、特定の産品に関し、この協定の効力発生の日から**3年**
　　間をいう。ただし、当該産品の関税の撤廃がより長い期間にわたって行
　　われる場合には、経過期間は、**当該産品についての関税の段階的撤廃の**
　　期間をいう。

ロ　経過的セーフガード措置の発動要件

　締約国は、次の場合には、**経過期間中に限り**、経過的セーフガード措置をと
ることができます。
　①　締約国がこの協定に従って関税を引き下げ又は撤廃した結果として、
　②　他の一の締約国から又は他の二以上の締約国から、原産品が当該締約国
　　の領域に**絶対量又は国内生産量に比較しての相対量において増加した数量**
　　で輸入されている場合において、
　③　当該増加した数量が同種の又は直接に競合する産品を生産する国内産業
　　に対する**重大な損害又は重大な損害のおそれ**を引き起こしているとき
(注) ただし、他の二以上の締約国からの輸入増加の場合においては、経過的セーフガード措
　　置をとろうとする締約国が、当該措置の対象となる各締約国からの輸入に関し、当該各締
　　約国からの輸入が当該各締約国についてのこの協定の効力発生日の後から絶対量又は国内
　　生産量に比較しての相対量において増加していることを証明する場合に限る。

ハ　経過的セーフガード措置の内容

　締約国は、重大な損害を防止し又は救済し、かつ、調整を容易にするために
必要な範囲において、次のいずれかの措置をとることができます。
　①　この協定に定める**関税の更なる引下げを停止**すること。
　②　次の税率のうちいずれか低いものを超えない水準まで**関税を引き上げる**
　　こと。
　　ⅰ　経過的セーフガード措置をとる時における実行最恵国税率
　　ⅱ　この協定が当該締約国について効力を生ずる日の前日における実行最
　　　恵国税率
　なお、経過的セーフガード措置は、この協定に基づき当該締約国が設定する
関税割当てにより輸入される産品に対してとることができないとされており、
また、経過的セーフガード措置の形態として、関税割当て及び数量制限が許容
されません。

ニ　経過的セーフガード措置の適用期間等

締約国は、重大な損害を防止し又は救済し、かつ、調整を容易にするために必要な期間においてのみ、経過的セーフガード措置を維持するとされており、その期間は**2年を超えてはなりません**。

ただし、経過的セーフガード措置が重大な損害を防止し又は救済し、かつ、調整を容易にするために引き続き必要であると当該締約国の権限のある当局が後記ホの調査の手続に従って決定した場合には、**1年を限度として延長**することができます。

また、経過期間の満了の時を超えて経過的セーフガード措置を維持してはならず、また、同一の産品について2回以上経過的セーフガード措置をとることができません。

（漸進的緩和）

経過的セーフガード措置の予定適用期間が1年を超える場合には、調整を容易にするため、経過的セーフガード措置の適用期間中一定の間隔で経過的セーフガード措置を漸進的に緩和します。

（適用期間の終了後）

経過的セーフガード措置の適用期間が終了したときは、経過的セーフガード措置がとられなかったとしたならば適用したであろう附属書2－D（関税に係る約束）の自国の表に定める関税率を適用します。

ホ　調査手続及び透明性の要件

締約国は、自国の権限のある当局が調査を行った後においてのみ経過的セーフガード措置をとります。

調査に際しては、WTOのセーフガード協定第3条（調査の実施、調査の適正な手続、利害関係者への公告、利害関係者による証拠・見解の提出、報告の公表、秘密情報の保秘・要約の開示）、第4条2（a）（輸入の増加及び国内産業の重大な損害の評価）、同項（b）（輸入の増加と国内産業の重大な損害との因果関係の立証、その他の要因による損害の輸入増加への不帰責）、同項（c）（調査対象事例の詳細な分析及び検討した要因の関連性についての立証の公表）に従います。

(注) セーフガード協定第3条及び第4条2（a）（b）（c）の規定は、必要な変更を加えた上で、この協定に組み込まれ、この協定の一部を成すとされている。

118 第4部 経済連携協定に基づく関税の緊急措置

ヘ 通報及び協議

締約国は、他の締約国に対し以下の通報及び協議を行います。

① 締約国は、次の場合には、他の締約国に対し速やかに書面による通報を行う。
  * 経過的セーフガード措置に関する調査を開始する場合
  * 輸入の増加が重大な損害又は重大な損害のおそれを引き起こしていることの認定を行う場合
  * 経過的セーフガード措置をとり又は延長する決定を行う場合
  * 既にとった経過的セーフガード措置を修正する決定を行う場合

② 締約国は、他の締約国に対し、自国の権限のある当局の報告であって公表されるものの写しを提供する。

③ 締約国は、経過的セーフガード措置をとり又は延長する旨の通報を行う場合には、当該通報に次の事項を含める。
  * この協定に従って関税を引き下げ又は撤廃した結果として他の一又は二以上の締約国からの原産品の輸入が増加したことにより引き起こされた重大な損害又は重大な損害のおそれの証拠
  * 経過的セーフガード措置の対象となる原産品の正確な説明（原産品が分類される統一システムの項又は号であって、附属書2-D（関税に係る約束）の関税に係る約束の表において用いられているものを含む）
  * 経過的セーフガード措置の正確な説明
  * 経過的セーフガード措置を導入しようとする日付、予定適用期間、当該措置の漸進的な緩和のための計画があるときは当該計画
  * 経過的セーフガード措置を延長する場合には、関係する国内産業が調整を行っているという証拠

④ 経過的セーフガード措置の手続をとる締約国は、産品が当該手続の対象となる他の締約国からの要請があった場合には、前記①の通報又は権限のある調査当局が当該手続に関連して行った公告若しくは報告を検討するため、当該要請を行った他の締約国と協議する。

ト 補償措置及び対抗措置

経過的セーフガード措置をとる場合の補償措置及び対抗措置について、以下のとおり定められています。

① 補償措置

経過的セーフガード措置をとる締約国は、当該措置がとられる各締約国と協議した後、当該措置の結果生ずると予想される**関税の増大分と実質的に同等の**

貿易の効果を有する譲許又は**当該増大分と等価値の譲許**を行うことにより、相互に合意する貿易の自由化に資する補償を提供する。

経過的セーフガード措置をとる締約国は、当該措置をとった後30日以内に協議の機会を与える。

② 対抗措置

経過的セーフガード措置がとられるいずれの締約国も、前記①の協議の開始の後30日以内に貿易の自由化に資する補償について合意に達しない場合には、経過的セーフガード措置をとる締約国との貿易について**実質的に等価値の譲許の適用を停止**することができる。

経過的セーフガード措置がとられる締約国は、当該措置をとる締約国に対し、譲許を停止する少なくとも30日前に書面により通報する。

なお、前記①の補償を提供する義務及び前記②の譲許を停止する権利は、経過的セーフガード措置の適用期間が終了した時に消滅する。

(2) RCEP

RCEPにおいては、「第7章　貿易上の救済」の「第A節　RCEPセーフガード措置」において関税の緊急措置に関する規定があり、この第7章に基づく関税の緊急措置は「**経過的RCEPセーフガード措置**」、暫定措置は「**暫定的RCEPセーフガード措置**」と呼ばれています。以下、主要な規定をみていきます。

(注)一般セーフガード措置との関係

　　関税の緊急措置については、①本書第1部で説明した緊急関税(1994年のガット第19条及びセーフガード協定並びに関税定率法第9条に基づくもの、いわゆる"一般セーフガード措置")、②前述のRCEP第7章に基づく経過的RCEPセーフガード措置及び暫定的RCEPセーフガード措置があります。RCEPにおいては、同一の産品について、①と②の措置を同時にとってはならないとされている。

イ　定義

冒頭に次の定義が置かれています。

＊ 「国内産業」とは、輸入産品に関し、締約国の領域において活動する当該輸入産品と同種の若しくは直接に競合する産品の生産者の全体又は当該生産者のうち当該産品の生産高の合計が当該産品の国内総生産高の相当な部分を占めている生産者をいう。

＊ 「重大な損害」とは、国内産業の状態の著しい全般的な悪化をいう。

120 第4部　経済連携協定に基づく関税の緊急措置

* 「重大な損害のおそれ」とは、事実に基づき、明らかに差し迫った重大な損害と認められるものをいい、申立て、推測又は希薄な可能性にのみ基づくものを含まない。
* 「**経過的セーフガード期間**」とは、特定の産品に関し、この協定が効力を生ずる日から附属書Ⅰ（関税に係る約束の表）の締約国の関税に係る約束の表に基づく**当該産品についての関税の撤廃又は引下げが完了した日の後8年が経過するまでの期間**をいう。
* 「秘密の情報」には、秘密のものとして提供された情報及びその性質上（例えば、その開示が競争者に対して競争上の著しい利益を与えること又はその開示が情報を提供した者に対して若しくは情報を提供した者の当該情報についての情報源である者に対して著しい悪影響を及ぼすこととなることを理由として）秘密である情報を含む。

ロ　経過的RCEPセーフガード措置の発動要件

締約国は、次の場合には、経過的RCEPセーフガード措置をとることができます。

① **この協定に従って関税を引き下げ又は撤廃した結果**として、
② 他の一又は二以上の締約国の原産品が**絶対量において又は国内生産量に比較しての相対量において増加した数量で締約国の領域に輸入**されている場合において、
③ 当該増加した数量が同種の又は直接に競合する産品を生産する当該締約国の国内産業に対する**重大な損害又は重大な損害のおそれを引き起こしているとき**

ハ　経過的RCEPセーフガード措置の内容

輸入締約国は、自国の国内産業に対する重大な損害を防止し又は救済し、かつ、自国の国内産業の調整を容易にするために必要な限りにおいて、次のことを行うことができます。

① この協定に定める当該原産品の**関税の更なる引下げを停止**すること。
② 次の税率のうちいずれか低い方の税率を超えない水準まで当該原産品の**関税を引き上げる**こと。
ⅰ　経過的RCEPセーフガード措置が適用される日における実行最恵国税率
ⅱ　この協定が自国について効力を生ずる日の前日における実行最恵国税率
なお、経過的RCEPセーフガード措置の形態として、関税割当て及び数量制限が許容されません。

(注)物品に関する委員会は、いずれかの締約国の要請に応じ、経過的セーフガード期間の満了

の遅くとも3年前までに経過的RCEPセーフガード措置の実施及び運用（その期間を含む）について討議し、及び見直すことができる。

二　経過的RCEPセーフガード措置の適用範囲及び適用期間

① 締約国は、次の事項に該当する経過的RCEPセーフガード措置をとってはなりません。

ⅰ　重大な損害を防止し、又は救済し、かつ、調整を容易にするために必要な限度及び期間を超えるもの

ⅱ　**3年の期間を超えるもの**

　　ただし、例外的な場合において、当該措置をとる締約国の権限のある当局が、当該措置が重大な損害を防止し又は救済し、かつ、調整を容易にするために引き続き必要であり、及び関係する国内産業が調整を行っている証拠があると所定の手続に従って決定したときは、当該期間は、経過的RCEPセーフガード措置及び暫定的RCEPセーフガード措置の適用の合計期間（当初の適用期間及びその延長の期間を含む）が4年を超えないことを条件として、**1年を限度として延長**することができる。

　　なお、このただし書の規定にかかわらず、後発開発途上締約国は、自国の経過的RCEPセーフガード措置を1年の追加的な期間延長することができる。

ⅲ　経過的セーフガード期間の満了の時を超えるもの

② この協定に基づいて約束されたところに従って原産品について最初の関税の引下げ又は撤廃が効力を生ずる日から1年間は、経過的RCEPセーフガード措置をとることができません。

③ 既に経過的RCEPセーフガード措置の対象となった個別の原産品の輸入については、当該措置の終了から当該措置がとられた期間と等しい期間又は1年間のいずれか長い方の期間が経過するまで、経過的RCEPセーフガード措置を再度とることができません。

（漸進的緩和）

　経過的RCEPセーフガード措置の予定適用期間が1年を超える場合において、調整を容易にするため、当該措置をとる締約国は、その適用期間中一定の間隔で当該措置を漸進的に緩和します。

（適用期間の終了後）

　締約国が経過的RCEPセーフガード措置を終了する場合には、当該措置の対象となった原産品の関税率は、当該措置がとられなかったとしたならば適用さ

122 第4部 経済連携協定に基づく関税の緊急措置

れたであろうRCEP附属書Ⅰ（関税に係る約束の表）の当該締約国の表に基づく
税率とします。

ホ 少量の輸入及び特別の待遇

　輸入締約国によるある産品の輸入において、一の締約国の原産品である当該
産品の輸入の割合が全ての締約国からの当該産品の総輸入量の3％を超えない
場合には、当該一の締約国の原産品である当該産品については、経過的RCEP
セーフガード措置又は暫定的RCEPセーフガード措置をとってはなりません。

　ただし、3％を超えない輸入の割合を有する複数の締約国からの輸入の割合
の合計が9％以下であることを条件とする。

　また、後発開発途上締約国の原産品については、経過的RCEPセーフガード
措置又は暫定的RCEPセーフガード措置をとることができません。

ヘ 調査手続

① 締約国は、自国の権限のある当局が調査を行った後においてのみ経過的
　RCEPセーフガード措置をとります。

　　調査に際しては、セーフガード協定第3条（調査の実施、調査の適正な手
　続、利害関係者への公告、利害関係者による証拠・見解の提出、報告の公表、
　秘密情報の保秘・要約の開示）、第4条2（a）（輸入の増加及び国内産業の重
　大な損害の評価）、同項（b）（輸入の増加と国内産業の重大な損害との因果関
　係の立証、その他の要因による損害の輸入増加への不帰責）、同項（c）（調査
　対象事例の詳細な分析及び検討した要因の関連性についての立証の公表）に
　定める手続と同様の手続に従います。

　(注) セーフガード協定第3条及び第4条2の規定は、必要な変更を加えた上で、この協定
　　に組み込まれ、この協定の一部を成すとされている。

② 各締約国は、自国の権限のある当局が調査をその開始の日の後**1年以内**に
　完了することを確保します。

ト 暫定的RCEPセーフガード措置

① 輸入締約国は、遅延すれば回復し難い損害を与えることとなる危機的な事
　態が存在する場合には、この協定に従って関税を引き下げ又は撤廃した結果
　として他の一又は二以上の締約国からの原産品の輸入が増加し、その増加し
　た輸入が自国の国内産業に重大な損害又は重大な損害のおそれを引き起こし
　ていることについての明白な証拠があるという自国の権限のある当局による
　仮の決定に基づき、前記ハの①又は②の措置の形態をとる暫定的RCEPセー

2 経済連携協定における関税の緊急措置の規定 **123**

フガード措置をとることができます。
② 締約国は、暫定的RCEPセーフガード措置をとる前に、他の締約国に対して書面により通報します。また、関係する産品の輸出国として実質的な利害関係を有する締約国との当該暫定措置の適用に関する協議については、当該暫定措置がとられた後速やかに開始します。
③ 暫定的RCEPセーフガード措置の期間は、**200日を超えてはなりません。**
　　その期間中、当該暫定措置をとる締約国は、前記ヘ（調査手続）の①に定める要件に従い調査を行い、その調査の結果が前記ロの経過的RCEPセーフガード措置の適用の要件を満たすとの認定とならない場合には、当該暫定措置をとる締約国は、当該暫定措置の結果として徴収した追加的な関税を速やかに払い戻します。
　　当該暫定措置の期間については、前記ニ（経過的RCEPセーフガード措置の適用範囲及び適用期間）の①ⅱの合計期間に算入します。
④ 経過的RCEPセーフガード措置の場合と同様に、次のとおりとされています。
　＊　暫定的RCEPセーフガード措置の形態として、関税割当て及び数量制限が許容されない。
　＊　暫定的RCEPセーフガード措置を終了する場合には、当該暫定措置の対象となった原産品の関税率は、当該暫定措置がとられなかったとしたならば適用されたであろうRCEP附属書Ⅰ（関税に係る約束の表）の当該締約国の表に基づく税率とする。

チ　通報及び協議
　締約国は、他の締約国に対し以下の通報及び協議を行います。
① 締約国は、次の場合には、他の締約国に対して書面により直ちに通報する。
　ⅰ　重大な損害又は重大な損害のおそれ及びこれらの理由に関する調査を開始する場合
　ⅱ　輸入の増加によって引き起こされた重大な損害又は重大な損害のおそれの認定を行う場合
　ⅲ　経過的RCEPセーフガード措置をとり又はその適用を延長する場合
　ⅳ　経過的RCEPセーフガード措置を修正すること（漸進的に緩和することを含む）を決定する場合
② 前記①ⅰの書面による通報には、次の事項を含める。
　＊　調査の対象となる原産品の正確な説明（原産品が分類される統一システムの項及び号並びに当該締約国の品目表を含む）
　＊　調査の開始の理由の要約

124 第4部 経済連携協定に基づく関税の緊急措置

  ＊ 調査の開始の日付及び調査の対象となる期間
③ 締約国は、他の締約国に対し、調査において要求される自国の権限のある当局による報告であって公表されるものの写し又はURLを提供する。提供される報告は、自国の権限のある当局が当該報告において当初使用した言語によることができる。
④ 前記①ⅱからⅳまでの書面による通報には、次の事項を含める。
  ＊ 経過的RCEPセーフガード措置の対象となる原産品の正確な説明（当該原産品が分類される統一システムの項及び号並びに当該締約国の品目表を含む）
  ＊ この協定に従って関税を引き下げ又は撤廃した結果として他の一又は二以上の締約国の原産品の輸入の増加によって引き起こされた重大な損害又は重大な損害のおそれの証拠
  ＊ 経過的RCEPセーフガード措置の案の正確な説明
  ＊ 経過的RCEPセーフガード措置を導入しようとする日付及び当該措置の予定適用期間、当該措置の漸進的な緩和のための計画がある場合には当該計画
  ＊ 経過的RCEPセーフガード措置を延長する場合には、関係する国内産業が調整を行っている証拠
⑤ 経過的RCEPセーフガード措置をとろうとし又は延長しようとする締約国は、特に、前記②及び④に基づいて提供される情報であって、前記ヘ（調査手続）の調査から得られたものを検討すること、当該措置に関して意見を交換すること、下記リ（補償措置及び対抗措置）に定める目的を達成するための方法について了解に達することを目的として、関係する産品の輸出国として実質的な利害関係を有する締約国との事前の協議を行うための適当な機会を与える。

リ 補償措置及び対抗措置
  経過的RCEPセーフガード措置をとる場合の補償措置及び対抗措置について、以下のとおり定められています。

① 補償措置
  経過的RCEPセーフガード措置をとろうとし又は延長しようとする締約国は、当該措置によって影響を受けることとなる輸出締約国と協議の上、これらの輸出締約国のうち相互に合意したものに対し、当該措置の結果生ずると予想される**関税の増大分と実質的に同等の貿易上の効果を有する譲許**又は**当該増大分と同等の価値を有する譲許**を行うことにより、貿易上の補償の適切な方法を

提供する。

　ただし、経過的RCEPセーフガード措置をとり又は延長する後発開発途上締約国は、影響を受けた締約国から補償を要求されない。

　経過的RCEPセーフガード措置をとる締約国は、当該措置によって影響を受けることとなる輸出締約国に対し、当該措置をとった日から30日以内に協議を行う機会を与える。

②　対抗措置

　前記①の協議においてその開始から30日以内に貿易上の補償について合意に達しない場合には、自国の産品について経過的RCEPセーフガード措置がとられる締約国は、当該措置をとる締約国との物品の貿易について**実質的に同等の譲許の適用を停止**することができる。

　ただし、譲許の適用を停止する権利は、経過的RCEPセーフガード措置が輸入の絶対量の増加の結果としてとられたものであり、かつ、当該措置がこの協定に適合する場合には、当該措置がとられている最初の3年間については、行使されてはならない。

　自国の産品について経過的RCEPセーフガード措置がとられる締約国は、当該措置をとる締約国に対し、譲許の適用を停止する少なくとも30日前に書面により通報する。

　なお、前記①に従って補償を提供する義務及び前記②に基づいて譲許の適用を停止する権利は、経過的RCEPセーフガード措置の適用期間が終了した時に消滅する。

ヌ　その他の規定

　各締約国は、経過的RCEPセーフガード措置及び暫定的RCEPセーフガード措置に関し、自国の法令の運用が一貫した、公平な、及び合理的なものであることを確保する、また、公平な、時宜を得た、透明性があり、及び効果的な手続を採用し又は維持します。

　前記ト（暫定的RCEPセーフガード措置）の②、前記チ（通報及び協議）の①、前記リ（補償措置及び対抗措置）の②における書面による通報については、英語により行います。

126 第4部 経済連携協定に基づく関税の緊急措置

第5部
特殊関税関係法令集

報復関税

関税定率法

（報復関税等）

第6条 世界貿易機関を設立するマラケシュ協定（以下この条、次条及び第9条において「世界貿易機関協定」という。）に基づいて直接若しくは間接に本邦に与えられた利益を守り、又は世界貿易機関協定の目的を達成するため必要があると認められるときは、次の各号に掲げる国から輸出され、又はその国を通過する貨物で輸入されるものには、当該各号に定める承認の範囲内において、政令で定めるところにより、国及び貨物を指定し、別表の税率による関税のほか、当該貨物の課税価格と同額以下の関税を課することができる。

一　世界貿易機関の加盟国であつて、世界貿易機関協定に基づいて直接若しくは間接に本邦に与えられた利益を無効にし、若しくは侵害し、又は世界貿易機関協定の目的の達成を妨げていると認められる状況のある国　当該国に対する譲許その他の義務の停止についての世界貿易機関協定附属書2紛争解決に係る規則及び手続に関する了解第2条に規定する紛争解決機関による承認

二　世界貿易機関の加盟国であつて、その国の世界貿易機関協定附属書1Aの補助金及び相殺措置に関する協定（以下この条及び次条において「補助金相殺措置協定」という。）第8条8・2に規定する補助金の制度が本邦の産業に重大な損害を生じさせている国　当該国に対する対抗措置についての補助金相殺措置協定第24条に規定する補助金及び相殺措置に関する委員会による補助金相殺措置協定第9条の規定に基づく承認

2　本邦の船舶若しくは航空機又は本邦から輸出され、若しくは本邦を通過する貨物について、他国の船舶若しくは航空機又は他国から輸出され、若しくは他国を通過する貨物よりも不利益な取扱いをする国から輸出され、又はその国を通過する貨物で輸入されるものには、政令で定めるところにより、国及び貨物を指定し、別表の税率による関税のほか、その貨物の課税価格と同額以下の関税を課することができる。ただし、前項第1号に規定する紛争解決機関の手続に委ねられるべき場合は、この限りでない。

3　前2項に定めるもののほか、これらの規定の適用に関し必要な事項は、政令で定める。

報復関税等に関する政令

（報復関税等を課すること等の告示）

第1条 財務大臣は、関税定率法第6条第1項若しくは第2項の規定による措置（以下「報復関税等」という。）をとること又は報復関税等を変更し、若しくは廃止すること（以下「報復関税等に係る措置」という。）が決定されたときは、速やかに、その旨及び次に掲げる事項を官報で告示しなければならない。

一　当該報復関税等に係る措置の対象となる国（その一部である地域を含む。）

二　当該報復関税等に係る措置の対象となる貨物の品名、銘柄、型式及び特徴

三　当該報復関税等に係る措置の内容（前2号に掲げるものを除く。）

四　当該報復関税等に係る措置をとる理由

五　その他参考となるべき事項

（関税・外国為替等審議会への諮問等）

第2条 財務大臣は、報復関税等に係る措置をとることが必要であると認められるときは、速やかに、関税・外国為替等審議会に諮問するものとする。ただし、報復関税等に係る措置を直ちにとる必要があると認められる場合は、この限りでない。

2　財務大臣は、前項ただし書に規定する場合に該当して報復関税等に係る措置をとった場合においては、速やかに、当該報復関税等に係る措置の内容を関税・外国為替等審議会に報告しなければならない。

相殺関税

関税定率法（相殺関税）　**129**

関税定率法

（相殺関税）

第7条　外国において生産又は輸出について直接又は間接に補助金の交付を受けた貨物の輸入が本邦の産業（当該補助金の交付を受けた輸入貨物と同種の貨物を生産している本邦の産業に限る。以下この条において同じ。）に実質的な損害を与え、若しくは与えるおそれがあり、又は本邦の産業の確立を実質的に妨げる事実（以下この条において「本邦の産業に与える実質的な損害等の事実」という。）がある場合において、当該本邦の産業を保護するため必要があると認められるときは、政令で定めるところにより、貨物、当該貨物の輸出者若しくは生産者（以下この条及び次条において「供給者」という。）又は輸出国若しくは原産国（これらの国の一部である地域を含む。以下この条及び次条において「供給国」という。）及び期間（5年以内に限る。）を指定し、当該指定された供給者又は供給国に係る当該指定された貨物（以下この条において「指定貨物」という。）で当該指定された期間内に輸入されるものにつき、別表の税率による関税のほか、当該補助金の額と同額以下の関税（以下この条において「相殺関税」という。）を課することができる。ただし、当該補助金の交付を受けた貨物の輸入の本邦の産業に与える実質的な損害等の事実を理由として前条第1項の規定による措置（第1号に係るものに限る。）その他の同号に規定する紛争解決機関による承認を受けた措置がとられている場合は、この限りでない。

2　この条において「補助金」とは、補助金相殺措置協定第1条に規定する補助金のうち世界貿易機関協定附属書1Aの農業に関する協定第13条の規定並びに補助金相殺措置協定第8条第8・1及び8・2の規定により相殺関税の対象とされないもの以外のものをいう。

3　第1項の場合のほか、外国において生産又は輸出について直接又は間接に補助金の交付を受けた貨物（第3号に掲げる貨物にあつては、条約の規定に違反して輸出について直接

又は間接に補助金の交付を受けているものに限る。）のうち、第10項の規定による措置（以下この項において「暫定措置」という。）がとられ、かつ、次の各号に掲げる貨物の区分に応じ当該各号に定める期間内に輸入された指定貨物があるときは、これらの貨物について、別表の税率による関税のほか、政令で定めるところにより、相殺関税を課することができる。この場合において、当該暫定措置がとられていた期間内に輸入された貨物について課することができる相殺関税の額は、第10項の規定により提供を命ぜられた担保により保証された額を限度とする。

一　その輸入が本邦の産業に実質的な損害を与えたと認められる貨物（暫定措置がとられなかつたとしたならばその輸入により本邦の産業に実質的な損害を与えたと認められるものを含む。次号において同じ。）（同号及び第3号に該当するものを除く。）　暫定措置がとられていた期間

二　第9項（第15項、第21項及び第25項において準用し、並びに第21項の規定を第28項において準用する場合を含む。第10項及び第28項において同じ。）の規定により受諾された約束の違反があつたことにより暫定措置がとられた貨物で、その輸入が本邦の産業に実質的な損害を与えたと認められるもの　暫定措置がとられた日の90日前の日と当該約束の違反があつた日とのいずれか遅い日以後第1項の規定による指定がされた日の前日までの期間

三　その輸入が短期間に大量に行われたことにより、本邦の産業に回復することが困難な損害を与えたと認められる貨物で、本邦の産業に与える回復することが困難な損害の再発を防止するため相殺関税を課する必要があると認められるもの　暫定措置がとられた日の90日前の日以後第1項の規定による指定がされた日の前日までの期間

4　前項の相殺関税は、当該相殺関税を課されることとなる貨物の輸入者が納める義務があるものとする。

5　第1項に規定する本邦の産業に利害関係を有する者は、政令で定めるところにより、政府

に対し、補助金の交付を受けた貨物の輸入の事実及び当該輸入の本邦の産業に与える実質的な損害等の事実についての十分な証拠を提出し、当該貨物に対し相殺関税を課することを求めることができる。

6　政府は、前項の規定による求めがあつた場合その他補助金の交付を受けた貨物の輸入の事実及び当該輸入の本邦の産業に与える実質的な損害等の事実についての十分な証拠がある場合において、必要があると認めるときは、これらの事実の有無につき調査を行うものとする。

7　前項の調査は、当該調査を開始した日から1年以内に終了するものとする。ただし、特別の理由により必要があると認められる場合には、その期間を6月以内に限り延長することができる。

8　第6項の調査が開始された場合において、当該調査に係る貨物の供給国の当局又は輸出者は、政府に対し、次の各号に掲げる区分に応じ、当該各号に定める約束の申出（第2号に定める約束の申出にあつては、当該約束の申出について当該貨物の供給国の当局が同意している場合に限る。）をすることができる。

一　当該調査に係る貨物の供給国の当局　当該貨物に係る補助金を撤廃し若しくは削減し、又は当該補助金の本邦の産業に及ぼす影響を除去するための適当と認められる措置をとる旨の約束

二　当該調査に係る貨物の輸出者　当該貨物に係る補助金の本邦の産業に及ぼす有害な影響が除去されると認められる価格に当該貨物の価格を修正する旨の約束

9　政府は、前項各号に定める約束の申出があつた場合において、十分な証拠により、補助金の交付を受けた貨物の輸入の事実及び当該輸入の本邦の産業に与える実質的な損害等の事実を推定することができるときは、その約束（有効期間が5年以内のものに限る。）を受諾することができる。政府が約束の申出を受諾したときは、政府は、当該約束に係る貨物の供給国の当局が第6項の調査を完了させることを希望する場合を除き、同項の調査を取りやめることができる。

10　政府は、第6項の調査が開始された日から60日を経過する日以後において、その調査の完了前においても、十分な証拠（前項の規定により受諾された約束の違反があつたときは、最大限の入手可能な情報）により、補助金の交付を受けた貨物の輸入の事実及び当該輸入の本邦の産業に与える実質的な損害等の事実を推定することができ、当該本邦の産業を保護するため必要があると認められるときは、第3項の規定により課されるべき相殺関税を保全するため、政令で定めるところにより、貨物、当該貨物の供給者又は供給国及び期間（4月以内に限る。）を指定し、当該指定された供給者又は供給国に係る当該指定された貨物で当該指定された期間内に輸入されるものにつき、当該貨物を輸入しようとする者に対し、当該補助金の額に相当すると推定される額の担保の提供を命ずることができる。ただし、当該補助金の交付を受けた貨物の輸入の本邦の産業に与える実質的な損害等の事実を理由として前条第1項の規定による措置（第1号に係るものに限る。）その他の同号に規定する紛争解決機関による承認を受けた措置がとられている場合は、この限りでない。

11　政府は、前項の規定による措置がとられた貨物につき、第9項の規定により約束を受諾したときは、政令で定めるところにより、当該措置を解除するものとする。

12　政府は、第6項の調査が終了したときは、第3項の規定により相殺関税を課する場合を除き、第10項の規定により提供された担保を速やかに解除しなければならない。同項の規定により提供された担保の額が第3項の規定により課される相殺関税の額を超える場合における当該超える部分の担保についても、同様とする。

13　第1項の規定により供給国を指定して相殺関税が課される場合において、指定貨物の供給者であつて第6項又は第19項の調査の対象とならなかつたもの（以下この条において「調査対象外供給者」という。）は、政令で定めるところにより、政府に対し、当該調査対象外供給者に係る貨物に課される第1項の規定による相殺関税の額が当該貨物の現実の補助金の額と異なることに関する事実についての十分な証拠を提出し、当該調査対象外供給者に係る貨物に課される当該相殺関税を変更し、又は廃止することを求めることができる。

関税定率法（相殺関税） **131**

14 政府は、前項の規定による求めがあつた場合又は調査対象外供給者に係る貨物に課される第1項の規定による相殺関税の額が当該貨物の現実の補助金の額と異なることに関する事実についての十分な証拠があり必要があると認める場合は、当該事実の有無につき調査を行うものとする。

15 第7項、第8項（第1号を除く。）及び第9項の規定は、前項の調査が開始された場合について準用する。この場合において、第7項本文中「1年以内に」とあるのは、「1年以内において速やかに」と読み替えるものとする。

16 第14項の調査の対象となつた調査対象外供給者に係る貨物について、当該貨物に課される第1項の規定による相殺関税の額が当該貨物の現実の補助金の額と異なると認められる場合は、政令で定めるところにより、当該調査対象外供給者に係る貨物について同項の規定により課される相殺関税を変更し、又は廃止することができる。

17 指定貨物について次に掲げる事情の変更がある場合において、必要があると認められるときは、政令で定めるところにより、第1項の規定により課される相殺関税を変更（同項の規定により指定された期間の変更を含む。以下この項及び次項において同じ。）し、又は廃止することができる。第1項の規定により課される相殺関税を変更する場合において、次の各号に掲げる事情の変更のいずれをも勘案してその必要があると認められるときは、同項の規定により指定された期間を延長することができる。
　一　当該指定貨物に係る補助金についての事情の変更
　二　当該指定貨物の輸入の本邦の産業に与える実質的な損害等の事実についての事情の変更

18 指定貨物の供給者若しくはその団体、輸入者若しくはその団体又は第1項に規定する本邦の産業に利害関係を有する者は、同項の規定により指定された期間の初日から1年を経過した日以後において、政令で定めるところにより、政府に対し、前項第1号又は第2号に掲げる事情の変更があることについての十分な証拠を提出し、第1項の規定により課される相殺関税を変更し、又は廃止することを求めることができる。

19 政府は、前項の規定による求めがあつた場合

その他第17項第1号又は第2号に掲げる事情の変更があることについての十分な証拠がある場合において、必要があると認めるときは、当該事情の変更の有無につき調査を行うものとする。

20 前項の調査は、当該調査を開始した日から1年以内に終了するものとする。ただし、特別の理由により必要があると認められる期間に限り、その期間を延長することができる。

21 第8項及び第9項の規定は、第19項の調査が開始された場合について準用する。

22 第1項の規定により相殺関税が課されている場合において、補助金の交付を受けた指定貨物の輸入及び当該輸入の本邦の産業に与える実質的な損害等の事実が同項の規定により指定された期間の満了後に継続し、又は再発するおそれがあると認められるときは、政令で定めるところにより、当該指定された期間を延長することができる。

23 指定貨物に係る第1項に規定する本邦の産業に利害関係を有する者は、同項の規定により指定された期間の末日の1年前の日までに、政令で定めるところにより、政府に対し、補助金の交付を受けた指定貨物の輸入及び当該輸入の本邦の産業に与える実質的な損害等の事実が当該指定された期間の満了後に継続し、又は再発するおそれがあることについての十分な証拠を提出し、当該指定された期間の延長を求めることができる。

24 政府は、前項の規定による求めがあつた場合その他補助金の交付を受けた指定貨物の輸入及び当該輸入の本邦の産業に与える実質的な損害等の事実が第1項の規定により指定された期間の満了後に継続し、又は再発するおそれがあることについての十分な証拠がある場合において、必要があると認めるときは、当該おそれの有無につき調査を行うものとする。

25 第8項、第9項及び第20項の規定は、前項の調査が開始された場合について準用する。

26 第24項の調査が開始された日から終了する日までの期間内に輸入される指定貨物については、当該指定貨物が第1項の規定により指定された期間内に輸入されたものとみなして同項の規定を適用する。

27 第1項の規定により指定された期間を第17項又は第22項の規定により延長する場合にお

いてその延長することができる期間は、次の各号に掲げる場合に応じ、当該各号に定める日から5年以内に限るものとする。当該延長された期間を延長する場合においても、同様とする。

一 第17項の規定により延長する場合 第19項の調査が完了した日

二 第22項の規定により延長する場合 第24項の調査が完了した日

28 第17項から第21項まで及び前項（第2号を除く。）の規定は、第9項の規定により受諾された約束を変更（有効期間の変更を含む。）する場合について準用する。

29 指定貨物の輸入者が納付した相殺関税の額が当該指定貨物の現実の補助金の額を超える事実がある場合には、当該輸入者は、政令で定めるところにより、政府に対し、当該事実についての十分な証拠を提出し、当該超える部分の額（次項において「要還付額」という。）に相当する相殺関税の還付の請求をすることができる。

30 政府は、前項の規定による請求があつた場合には、要還付額の有無その他必要な事項について調査し、その調査したところにより、遅滞なく、その請求に係る金額を限度として相殺関税を還付し、又は請求の理由がない旨をその請求をした者に通知する。

31 前項の調査は、第29項の規定による請求があつた日から1年以内に終了するものとする。ただし、特別の理由により必要があると認められる場合には、その期間を6月以内に限り延長することができる。

32 関税法第13条第2項から第7項まで（還付及び充当）の規定は、第29項から前項までの規定により相殺関税を還付する場合について準用する。この場合において、同法第13条第2項に規定する還付加算金の計算の基礎となる同項の期間は、第29項の規定による還付の請求があつた日の翌日から起算するものとする。

33 前各項に定めるもののほか、相殺関税の適用に関し必要な事項は、政令で定める。

相殺関税に関する政令

（定義）

第1条 この政令において、「供給者」、「供給国」、「指定貨物」又は「要還付額」とは、それぞれ関税定率法（以下「法」という。）第7条第1項又は第29項に規定する供給者、供給国、指定貨物又は要還付額をいう。

（本邦の産業）

第2条 法第7条第1項に規定する本邦の産業とは、当該輸入貨物と同種の貨物の本邦における総生産高に占める生産高の割合が相当の割合以上である本邦の生産者をいうものとする。

2 前項の本邦の生産者には、次に掲げる関係を有する生産者及び当該輸入貨物又はこれと同種の貨物を法第7条第5項、第18項（同条第28項において準用する場合を含む。）又は第23項の規定による求めがあった日（これらの規定による求めがない場合において同条第6項、第19項（同条第28項において準用する場合を含む。）又は第24項の調査を行うときは、当該調査を開始する日）の6月前の日以後に輸入（その輸入量が少量なものを除く。）した生産者は含まないものとする。ただし、次の各号に掲げる関係を有する生産者が、当該各号に掲げる関係による影響が次の各号に掲げる関係のいずれをも有しない他の生産者の行動と異なる行動をとらせるものでないことについての証拠を提出した場合、又は当該輸入貨物若しくはこれと同種の貨物を輸入した生産者が、当該輸入貨物及びこれと同種の貨物に係る当該生産者の事業のうち主たる事業が当該輸入貨物と同種の貨物の本邦における生産であることについての証拠を提出した場合において、当該証拠によりその旨認められるときは、この限りでない。

一 当該輸入貨物の供給者又は輸入者を直接又は間接に支配している関係

二 当該輸入貨物の供給者又は輸入者により直接又は間接に支配されている関係

三 当該輸入貨物の供給者又は輸入者を直接又は間接に支配している第三者により直接又は間接に支配されている関係

四 当該輸入貨物の供給者又は輸入者と共同して同一の第三者を直接又は間接に支配している関係

（本邦の産業に利害関係を有する者）

第3条 法第7条第5項、第18項及び第23項に規定する本邦の産業に利害関係を有する者とは、次に掲げる者をいうものとする。

一 当該輸入貨物と同種の貨物の本邦の生産者又は当該貨物の本邦の生産者を直接若しくは

間接の構成員とする団体（以下この号、次条及び第7条において「関係生産者等」という。）（団体である関係生産者等にあっては、その直接又は間接の構成員のうち2以上の者が当該貨物の本邦の生産者であるものに限る。次条において同じ。）であって当該生産者又は当該団体の直接若しくは間接の構成員である当該生産者の当該貨物の本邦における生産高の合計が当該貨物の本邦における総生産高の4分の1以上の割合を占めるもの

二　当該輸入貨物と同種の貨物の本邦における生産に従事する者を直接又は間接の構成員とする労働組合（次条及び第7条において「関係労働組合」という。）であってその直接又は間接の構成員のうち当該生産に従事する者の合計が当該生産に従事する者の総数の4分の1以上の割合を占めるもの

2　前条第2項の規定により同条第1項の本邦の生産者には含まないとされる生産者及び当該生産者の当該輸入貨物と同種の貨物の本邦における生産高は、前項第1号の本邦の生産者及び総生産高には含まないものとし、同条第2項の規定により同条第1項の本邦の生産者には含まないとされる生産者の当該貨物の生産に従事する者は、前項第2号の従事する者には含まないものとする。

（相殺関税を課すること等を求める手続）

第4条　法第7条第5項の規定により政府に対し相殺関税を課することを求めようとする者（以下この項において「申請者」という。）は、次に掲げる事項を記載した書面に、同条第5項に規定する補助金の交付を受けた貨物の輸入の事実及び当該輸入の本邦の産業に与える実質的な損害等の事実についての十分な証拠を添えて、これを財務大臣に提出しなければならない。

一　当該申請者の氏名又は名称及び住所又は居所

二　当該貨物の品名、銘柄、型式及び特徴

三　当該貨物の供給者又は供給国

四　前条第1項に規定する本邦の産業に利害関係を有する者に該当する事情

五　法第7条第5項に規定する補助金の交付を受けた貨物の輸入の事実及び当該輸入の本邦の産業に与える実質的な損害等の事実の概要

六　提出に係る書面に記載された事項の一部又は証拠の全部若しくは一部（以下この条において「証拠等」という。）を秘密として取り扱うことを求めるときは、その旨及びその理由

七　当該申請者の法第7条第5項の規定による求めに対する関係生産者等又は関係労働組合の支持の状況

八　その他参考となるべき事項

2　法第7条第1項の規定により課される相殺関税について、同条第13項の規定により政府に対し当該相殺関税を変更し、又は廃止することを求めようとする同項に規定する調査対象外供給者（以下この項において「申請者」という。）は、次に掲げる事項を記載した書面に、当該申請者に係る貨物に課される当該相殺関税の額が当該貨物の現実の補助金の額と異なることに関する事実についての十分な証拠を添えて、これを財務大臣に提出しなければならない。

一　当該申請者の氏名又は名称及び住所又は居所

二　当該相殺関税に係る指定貨物の品名、銘柄、型式及び特徴

三　法第7条第13項に規定する調査対象外供給者に該当する事情

四　当該申請者に係る貨物に課される当該相殺関税の額が当該貨物の現実の補助金の額と異なることに関する事実の概要

五　提出に係る証拠等を秘密として取り扱うことを求めるときは、その旨及びその理由

六　その他参考となるべき事項

3　法第7条第1項の規定により課される相殺関税について、同条第18項の規定により政府に対し当該相殺関税を変更し、又は廃止することを求めようとする者（以下この項において「申請者」という。）は、次に掲げる事項を記載した書面に、同条第17項第1号又は第2号に掲げる事情の変更があることについての十分な証拠を添えて、これを財務大臣に提出しなければならない。

一　当該申請者の氏名又は名称及び住所又は居所

二　当該相殺関税に係る指定貨物の品名、銘柄、型式及び特徴

三　当該相殺関税に係る指定貨物の供給者又は供給国

四　法第7条第18項に規定する者に該当する事情

五　法第7条第17項第1号又は第2号に掲げる
　事情の変更の概要
六　提出に係る証拠等を秘密として取り扱うこ
　とを求めるときは、その旨及びその理由
七　当該申請者が前条第1項に規定する本邦の
　産業に利害関係を有する者である場合には、
　当該申請者の法第7条第18項の規定による求
　めに対する関係生産者等又は関係労働組合の
　支持の状況
八　その他参考となるべき事項
4　法第7条第1項の規定により課される相殺
　関税に係る同項の規定により指定された期間
　について、同条第23項の規定により政府に対し
　その延長を求めようとする者（以下この項にお
　いて「申請者」という。）は、次に掲げる事項を記
　載した書面に、同条第23項に規定する補助金の
　交付を受けた指定貨物の輸入及び当該輸入の
　本邦の産業に与える実質的な損害等の事実が
　当該指定された期間の満了後に継続し、又は再
　発するおそれがあることについての十分な証
　拠を添えて、これを財務大臣に提出しなければ
　ならない。
一　当該申請者の氏名又は名称及び住所又は居
　所
二　当該相殺関税に係る指定貨物の品名、銘柄、
　型式及び特徴
三　当該相殺関税に係る指定貨物の供給者又は
　供給国
四　前条第1項に規定する本邦の産業に利害関
　係を有する者に該当する事情
五　法第7条第23項に規定する補助金の交付を
　受けた指定貨物の輸入及び当該輸入の本邦の
　産業に与える実質的な損害等の事実が当該指
　定された期間の満了後に継続し、又は再発す
　るおそれがあることの概要
六　提出に係る証拠等を秘密として取り扱うこ
　とを求めるときは、その旨及びその理由
七　当該申請者の法第7条第23項の規定による
　求めに対する関係生産者等又は関係労働組合
　の支持の状況
八　その他参考となるべき事項
5　第3項の規定は、法第7条第9項前段（同条
　第15項前段、第21項及び第25項において準用
　し、並びに同条第21項の規定を同条第28項にお
　いて準用する場合を含む。）の規定により受諾
　された約束を同条第28項において準用する同

条第18項の規定により変更（有効期間の変更を
　含む。）することを求める場合について準用す
　る。
6　財務大臣は、前各項の規定により提出された
　証拠等で秘密として取り扱うことを適当と認
　めるもの（以下この条において「秘密証拠等」と
　いう。）があるときは、当該証拠等を提出した者
　に対し、当該秘密証拠等についての秘密として
　取り扱うことを要しない要約を記載した書面
　の提出を求めるものとする。
7　前項の書面の提出を求められた者は、同項に
　規定する秘密証拠等についての要約をするこ
　とができないと考えるときは、その旨及びその
　理由を記載した書面を財務大臣に提出しなけ
　ればならない。
8　財務大臣は、第6項の規定により秘密証拠等
　に係る書面の提出を求められた者が前2項の
　規定による書面の提出をしない場合又は当該
　提出を求められた者が前2項の規定により提
　出した書面の内容が適当でないと認める場合
　には、当該秘密証拠等を調べないものとするこ
　とができる。
9　財務大臣は、第1項から第5項までの規定に
　より提出された証拠等のうち当該証拠等を提
　出した者から秘密として取り扱うことが求め
　られたものについて、秘密として取り扱うこと
　が適当でないと認める場合には、当該証拠等を
　提出した者に対し、速やかに、その旨及びその
　理由を通知するものとする。この場合におい
　て、財務大臣は、当該証拠等を提出した者が秘
　密として取り扱うことの求めを撤回せず、か
　つ、当該証拠等についての適当と認められる要
　約を記載した書面を提出しないときは、当該秘
　密として取り扱うことが求められた証拠等を
　調べないものとすることができる。
10　財務大臣は、第1項から第5項までの規定に
　より提出された証拠等を前2項の規定により
　調べないものとしたときは、速やかに、その旨
　及びその理由を当該証拠等を提出した者に対
　し書面により通知しなければならない。

（調査の開始の通知等）
第5条　財務大臣は、法第7条第6項、第14項、
　第19項（同条第28項において準用する場合を含
　む。）又は第24項の調査（第11条、第13条第1項
　（各号列記以外の部分に限る。）及び第15条を除
　き、以下単に「調査」という。）を開始することが

決定されたときは、速やかに、その旨及び次に掲げる事項を直接の利害関係人（当該調査に係る貨物の供給者又はその団体（その直接又は間接の構成員の過半数が当該調査に係る貨物の供給者である団体に限る。）及び当該調査に係る貨物の輸入者又はその団体（その直接又は間接の構成員の過半数が当該調査に係る貨物の輸入者である団体に限る。）並びに当該調査に係る申請者（法第7条第5項、第13項、第18項（同条第28項において準用する場合を含む。）又は第23項の規定による求めをした者をいう。以下この条において同じ。）並びにこれらの者以外の者であって財務大臣が当該調査に特に利害関係を有すると認める者をいう。以下同じ。）と認められる者に対し書面により通知するとともに、官報で告示しなければならない。

一　当該申請者の氏名又は名称及び住所又は居所

二　当該調査に係る貨物の品名、銘柄、型式及び特徴

三　当該調査に係る貨物の供給者又は供給国

四　当該調査を開始する年月日

五　当該調査の対象となる期間

六　当該調査の対象となる事項の概要

七　第7条第1項前段の規定による証拠の提出及び証言、第8条第1項の規定による証拠等の閲覧、第9条第1項の規定による意見の表明並びに第10条第1項の規定による情報の提供についてのそれぞれの期限

八　その他参考となるべき事項

2　財務大臣は、前項の規定により直接の利害関係人に対し通知する場合には、申請者を除く直接の利害関係人に対し、同項に規定する書面に前条第1項から第5項までの規定により提出された書面及び証拠（その性質上秘密として取り扱うことが適当であると認められる部分及び申請者により秘密の情報として提供された部分を除く。）の写しを併せて送付しなければならない。

3　財務大臣は、法第7条第5項、第13項、第18項（同条第28項において準用する場合を含む。）又は第23項の規定による求めがあった場合において、調査を開始しないことが決定されたときは、速やかに、その旨及びその理由を申請者に対し書面により通知しなければならない。

（調査の期間の延長）

第6条　財務大臣は、法第7条第7項ただし書（同条第15項前段において準用する場合を含む。）又は第20項ただし書（同条第25項及び第28項において準用する場合を含む。）の規定により調査の期間を延長することが決定されたときは、速やかに、その旨、延長される調査の期間及び延長の理由を直接の利害関係人に対し書面により通知するとともに、官報で告示しなければならない。

（証拠の提出等）

第7条　調査が開始された場合において、利害関係者（直接の利害関係人並びに関係生産者等（団体である関係生産者等にあっては、その直接又は間接の構成員の過半数が当該貨物の本邦の生産者であるものに限る。）及び関係労働組合（その直接又は間接の構成員の過半数が当該輸入貨物と同種の貨物の本邦における生産に従事する者である労働組合に限る。）であって直接の利害関係人以外のものをいう。以下同じ。）は、第5条第1項の規定により通知又は告示された同項第7号に掲げる期限までに、法第7条第6項若しくは第14項に規定する事実、同条第19項（同条第28項において準用する場合を含む。）に規定する事情の変更又は同条第24項に規定するおそれに関し、財務大臣に対し、証拠を提出し、又は証言をすることができる。この場合において、証拠を提出し、又は証言をしようとする者は、証拠又は証言により証明しようとする事実並びに当該証拠又は証言を秘密として取り扱うことを求めるときはその旨及びその理由を記載した書面を提出しなければならない。

2　財務大臣は、調査の期間中必要があると認めるときは、利害関係者に対し、法第7条第6項若しくは第14項に規定する事実、同条第19項（同条第28項において準用する場合を含む。）に規定する事情の変更又は同条第24項に規定するおそれに関し、証拠を提出し、又は証言をすることを求めることができる。この場合において、証拠を提出し、又は証言をしようとする者は、当該証拠又は証言を秘密として取り扱うことを求めるときは、その旨及びその理由を記載した書面を提出しなければならない。

3　財務大臣は、利害関係者から第1項前段の規定による証言の求めがあった場合又は前項前

136 第5部　特殊関税関係法令集

段の規定により利害関係者に証言を求める場合は、証言の聴取の日時及び場所その他証言の聴取のために必要な事項を当該利害関係者に対し書面により通知しなければならない。

4　財務大臣が第2項前段の規定により利害関係者に対し証拠又は証言を求めた場合には、第10条の2の決定（当該証拠又は証言を求める前に行われたものを除く。）及び第12条の決定は、当該証拠又は証言が提出された後でなければしてはならない。ただし、当該利害関係者が相当な期間内に当該証拠又は証言を提供しない場合は、この限りでない。

5　第4条第6項から第10項までの規定は、第1項前段若しくは第2項前段の規定により提出された証拠又はこれらの規定によりされた証言について準用する。

（証拠等の閲覧）

第8条　調査が開始された場合において、財務大臣は、第5条第1項の規定により通知又は告示された同項第7号に掲げる期限まで、第2条第2項ただし書の規定により提出された証拠、第4条第1項から第5項までの規定により提出された書面若しくは証拠、前条第1項前段若しくは第2項前段の規定により提出された証拠若しくはこれらの規定によりされた証言を録取した書面若しくはその他の証拠（その性質上秘密として取り扱うことが適当であると認められる書面及び証拠並びに利害関係者により秘密の情報として提供された書面及び証拠並びに秘密の情報としてされた証言を録取した書面を除く。）又は第4条第6項、第7項若しくは第9項後段（これらの規定を前条第5項において準用する場合を含む。）の規定により提出された書面（次項において「証拠等」という。）を利害関係者に対して閲覧させなければならない。

2　前項の規定により証拠等の閲覧をしようとする者は、閲覧をしようとする証拠等の標目及び利害関係者に該当する事情を記載した書面を財務大臣に提出しなければならない。

（意見の表明）

第9条　調査が開始された場合において、利害関係者、当該調査に係る貨物の産業上の使用者又は当該貨物の主要な消費者の団体は、第5条第1項の規定により通知又は告示された同項第七号に掲げる期限までに、当該調査に関し、財務大臣に対し、書面により意見を表明することができる。ただし、主要な消費者の団体が意見を表明することができるのは、当該貨物が小売に供されている場合に限る。

2　財務大臣は、調査の期間中必要があると認めるときは、利害関係者、当該調査に係る貨物の産業上の使用者又は当該貨物の主要な消費者の団体に対し、当該調査に関し、書面による意見の表明を求めることができる。

（産業上の使用者及び消費者団体の情報提供）

第10条　調査が開始された場合において、当該調査に係る貨物の産業上の使用者又は当該貨物の主要な消費者の団体は、第5条第1項の規定により通知又は告示された同項第7号に掲げる期限までに、当該調査の対象となっている事項に関する情報を財務大臣に対し書面により提供することができる。ただし、主要な消費者の団体が情報を提供することができるのは、当該貨物が小売に供されている場合に限る。

2　財務大臣は、調査の期間中必要があると認めるときは、当該調査に係る貨物の産業上の使用者又は当該貨物の主要な消費者の団体に対し、当該調査の対象となっている事項に関する情報を書面により提供することを求めることができる。

（仮の決定の通知等）

第10条の2　財務大臣は、法第7条第6項の調査が開始された場合において、同条第9項又は第10項に規定する補助金の交付を受けた貨物の輸入の事実及び当該輸入の本邦の産業に与える実質的な損害等の事実を推定することについての決定がされたときは、その旨及び当該決定の基礎となった事実を直接の利害関係人に対し書面により通知するとともに、官報で告示するものとする。

（約束の申出等）

第11条　法第7条第6項、第14項、第19項（同条第28項において準用する場合を含む。）又は第24項の調査に係る貨物の供給国の当局又は輸出者は、同条第8項（同条第15項前段、第21項及び第25項において準用し、並びに同条第21項の規定を同条第28項において準用する場合を含む。第14条において同じ。）の規定により政府に対し約束の申出をしようとするときは、その旨、当該約束の申出の内容及び法第7条第6項の調査を完了させることを希望する場合に

あってはその旨を記載した書面を財務大臣に提出しなければならない。

2　財務大臣は、前項の規定による約束の申出につき法第7条第9項前段（同条第15項前段、第21項及び第25項において準用し、並びに同条第21項の規定を同条第28項において準用する場合を含む。第5項において同じ。）の規定による受諾がされたときは、速やかに、その旨及び当該約束の内容（その性質上秘密として取り扱うことが適当であると認められる部分及び当該約束の申出をした供給国の当局又は輸出者により秘密の情報として提供された部分を除く。）並びに同条第6項の調査を取りやめることが決定された場合にあってはその旨、その理由及び当該調査を取りやめる期日又は当該調査を継続することが決定された場合にあってはその旨を、直接の利害関係人に対し書面により通知するとともに、官報で告示しなければならない。

3　法第7条第8項の規定により同条第6項の調査に係る貨物の供給国の当局又は輸出者からされた約束の申出につき同条第9項前段の規定による受諾がされた後当該調査が完了した場合において、当該貨物の輸入につき、政府が、同条第6項に規定する事実がある旨の認定をしたときは、同条第9項前段の規定による受諾がされた約束は消滅しないものとし、当該事実がない旨の認定をしたときは、当該約束は消滅するものとする。ただし、当該事実がない旨の認定が主として当該約束があることを考慮してされたものであるときは、当該約束は消滅しないものとする。

4　財務大臣は、前項の認定がされたときは、速やかに、法第7条第9項前段の規定による受諾がされた約束が消滅しない旨又は消滅した旨及びその理由を直接の利害関係人に対し書面により通知するとともに、官報で告示しなければならない。

5　財務大臣は、第3の規定により約束が消滅する場合のほか、法第7条第9項前段の規定による受諾がされた約束が効力を失ったときは、速やかに、その旨及びその理由を直接の利害関係人に対し書面により通知するとともに、官報で告示しなければならない。

（最終決定前の重要事実の開示）

第12条　財務大臣は、法第7条第1項の規定によ

り相殺関税を課し、又は同項の規定により課される相殺関税を変更（同項の規定により指定された期間の変更を含む。）し、若しくは廃止するかどうかの決定までに相当な期間をおいて、当該決定の基礎となる重要な事実を直接の利害関係人に対し書面により通知するものとする。

（相殺関税を課することの通知等）

第13条　財務大臣は、法第7条第1項の規定により相殺関税を課すること、同項の規定により課される相殺関税を変更（同項の規定により指定された期間の変更を含む。）すること若しくは廃止すること若しくは同条第10項の規定による措置をとることが決定されたとき又は同条第1項の規定により指定された期間が満了したとき（同条第24項の調査が行われている場合を除く。以下この項において同じ。）は、速やかに、その旨及び次に掲げる事項を直接の利害関係人に対し書面により通知するとともに、官報で告示しなければならない。

一　法第7条第1項又は第10項の規定による指定に係る貨物の品名、銘柄、型式及び特徴

二　法第7条第1項又は第10項の規定による指定に係る貨物の供給者又は供給国

三　法第7条第1項又は第10項の規定により指定された期間（同条第1項の規定により課される相殺関税を廃止するときは、当該廃止の期日を含む。）

四　調査により判明した事実及びこれにより得られた結論（法第7条第1項の規定により指定された期間が満了したときを除く。）

五　法第7条第1項の規定により相殺関税を課することに併せて同条第3項の規定により相殺関税を課することが決定されたときは、その対象とされる貨物及びその決定の理由

六　その他参考となるべき事項

2　財務大臣は、調査の結果、法第7条第1項の規定による相殺関税を課さないこと又は同項の規定により課される相殺関税を変更（同項の規定により指定された期間の変更を含む。）しないこと若しくは廃止しないことが決定されたときは、速やかに、その旨及び次に掲げる事項を直接の利害関係人に対し書面により通知するとともに、官報で告示しなければならない。

一　当該調査に係る貨物の品名、銘柄、型式及び特徴

138 第5部 特殊関税関係法令集

二 当該調査に係る貨物の供給者又は供給国

三 当該調査により判明した事実及びこれにより得られた結論

四 その他参考となるべき事項

3 前項の規定は、調査を取りやめることが決定された場合（法第7条第9項後段の規定により調査を取りやめることが決定された場合を除く。）について準用する。この場合において、前項中「当該調査により判明した事実及びこれにより得られた結論」とあるのは、「当該調査を取りやめるまでに判明した事実及び当該調査を取りやめる理由」と読み替えるものとする。

（調査に関する協議等）

第14条 財務大臣、法第7条第1項に規定する本邦の産業を所管する大臣（以下この条において「産業所管大臣」という。）及び経済産業大臣は、調査を開始する必要があると認めるときは、相互にその旨を通知するものとする。この場合において、財務大臣、産業所管大臣及び経済産業大臣は、調査（調査の結果の取扱いを含む。）及び法第7条第8項の規定による申出に係る約束に関し常に緊密な連絡（第4条第1項から第5項まで及び第11条第1項の規定により提出された書面の写しの財務大臣による産業所管大臣及び経済産業大臣に対する送付を含む。）を保つとともに、これらに関する重要事項について協議の上定めるものとする。

（還付）

第15条 法第7条第29項の規定により指定貨物に係る相殺関税の還付を請求しようとする輸入者は、還付を受けようとする相殺関税の額及びその計算の基礎を記載した還付請求書に、要還付額があることについての十分な証拠を添えて、これを当該指定貨物の輸入を許可した税関長に提出しなければならない。この場合において、税関長は、当該提出された書面の写し及び当該証拠を財務大臣に送付するものとする。

2 前条後段の規定は、法第7条第30項の調査が開始された場合について準用する。

3 財務大臣は、法第7条第31項ただし書の規定により同条第30項の調査の期間を延長することが決定されたときは、速やかに、その旨、延長される調査の期間及び延長の理由を同条第29項の規定により請求をした輸入者に対し書面により通知しなければならない。

4 財務大臣は、法第7条第30項の調査が終了したときは、その調査の結果を税関長に通知するものとし、税関長は、当該通知に基づき、遅滞なく、その請求に係る金額を限度として相殺関税を還付し、又は請求の理由がない旨を書面によりその請求をした輸入者に通知する。

（関税・外国為替等審議会への諮問）

第16条 財務大臣は、調査の結果に基づき法第7条第1項の規定により相殺関税を課すること、同項の規定により課される相殺関税を変更（同項の規定により指定された期間の変更を含む。）すること若しくは廃止すること又は同条第10項の規定による措置をとることが必要であると認められるときは、速やかに、関税・外国為替等審議会に諮問するものとする。

不当廉売関税

関税定率法

（不当廉売関税）

第8条 不当廉売（貨物を、輸出国における消費に向けられる当該貨物と同種の貨物の通常の商取引における価格その他これに準ずるものとして政令で定める価格（以下この条において「正常価格」という。）より低い価格で輸出のために販売することをいう。以下この条において同じ。）された貨物の輸入が本邦の産業（不当廉売された貨物と同種の貨物を生産している本邦の産業に限る。以下この条において同じ。）に実質的な損害を与え、若しくは与えるおそれがあり、又は本邦の産業の確立を実質的に妨げる事実（以下この条において「本邦の産業に与える実質的な損害等の事実」という。）がある場合において、当該本邦の産業を保護するため必要があると認められるときは、政令で定めるところにより、貨物、当該貨物の供給者又は供給国及び期間（5年以内に限る。）を指定し、当該指定された供給者又は供給国に係る当該指定さ

れた貨物（以下この条において「指定貨物」という。）で当該指定された期間内に輸入されるものにつき、別表の税率による関税のほか、当該貨物の正常価格と不当廉売価格との差額に相当する額（以下この条において「不当廉売差額」という。）と同額以下の関税（以下この条において「不当廉売関税」という。）を課することができる。

2　前項の場合のほか、不当廉売された貨物のうち、第9項の規定による措置（以下この項において「暫定措置」という。）がとられ、かつ、次の各号に掲げる貨物の区分に応じ当該各号に定める期間内に輸入された指定貨物があるときは、これらの貨物について、別表の税率による関税のほか、政令で定めるところにより、不当廉売関税を課することができる。この場合において、当該暫定措置がとられていた期間内に輸入された貨物について課することができる不当廉売関税の額は、第9項第1号の規定により課された暫定的な関税又は同項第2号の規定により提供を命ぜられた担保により保証された額を限度とする。

一　その輸入が本邦の産業に実質的な損害を与えたと認められる貨物（暫定措置がとられなかつたとしたならばその輸入により本邦の産業に実質的な損害を与えたと認められるものを含む。次号において同じ。）（同号及び第3号に該当するものを除く。）　暫定措置がとられていた期間

二　第8項（第14項、第24項及び第28項において準用し、並びに第24項の規定を第31項において準用する場合を含む。第9項及び第31項において同じ。）の規定により受諾された約束の違反があつたことにより暫定措置がとられた貨物で、その輸入が本邦の産業に実質的な損害を与えたと認められるもの　暫定措置がとられた日の90日前の日と当該約束の違反があつた日とのいずれか遅い日以後前項の規定による指定がされた日の前日までの期間

三　その輸入が短期間に大量に行われたことにより、本邦の産業に与える実質的な損害等の事実を生じさせたと認められる貨物で、次に掲げる貨物のいずれかに該当し、かつ、当該輸入の時期、当該輸入に係る貨物の数量その他の状況を勘案して、前項の規定による不当廉売関税を課するだけでは本邦の産業に与え

る実質的な損害等の事実の再発を防止することが困難であると認められるもの　暫定措置がとられた日の90日前の日と調査開始の日とのいずれか遅い日以後前項の規定による指定がされた日の前日までの期間

イ　不当廉売されたことにより過去に本邦の産業に与える実質的な損害等の事実を生じさせた貨物

ロ　当該貨物が不当廉売されたものであり、かつ、その輸入により本邦の産業に与える実質的な損害等の事実が生ずることをその輸入者が知つていた又は知り得べき状態にあつたと認められる貨物

3　前項の不当廉売関税は、当該不当廉売関税を課されることとなる貨物の輸入者が納める義務があるものとする。この場合において、当該貨物につき第9項第1号の規定により課された暫定的な関税が納付されているときは、当該不当廉売関税が納付されたものとみなす。

4　第1項に規定する本邦の産業に利害関係を有する者は、政令で定めるところにより、政府に対し、不当廉売された貨物の輸入の事実及び当該輸入の本邦の産業に与える実質的な損害等の事実についての十分な証拠を提出し、当該貨物に対し不当廉売関税を課することを求めることができる。

5　政府は、前項の規定による求めがあつた場合その他不当廉売された貨物の輸入の事実及び当該輸入の本邦の産業に与える実質的な損害等の事実についての十分な証拠がある場合において、必要があると認めるときは、これらの事実の有無につき調査を行うものとする。

6　前項の調査は、当該調査を開始した日から1年以内に終了するものとする。ただし、特別の理由により必要があると認められる場合には、その期間を6月以内に限り延長することができる。

7　第5項の調査が開始された場合において、当該調査に係る貨物の輸出者は、政府に対し、当該貨物の不当廉売の本邦の産業に及ぼす有害な影響が除去されると認められる価格に当該貨物の価格を修正する旨の約束又は当該貨物の輸出を取りやめる旨の約束の申出をすることができる。

8　政府は、前項に規定する約束の申出があつた場合において、十分な証拠により、不当廉売さ

れた貨物の輸入の事実及び当該輸入の本邦の産業に与える実質的な損害等の事実を推定することができるときは、その約束（有効期間が5年以内のものに限る。）を受諾することができる。政府が約束の申出を受諾したときは、政府は、当該約束に係る貨物の輸出者が第5項の調査を完了させることを希望する場合を除き、同項の調査を取りやめることができる。

9　政府は、第5項の調査が開始された日から60日を経過する日以後において、その調査の完了前においても、十分な証拠（前項の規定により受諾された約束の違反があつたときは、最大限の入手可能な情報）により、不当廉売された貨物の輸入の事実及び当該輸入の本邦の産業に与える実質的な損害等の事実を推定することができ、当該本邦の産業を保護するため必要があると認められるときは、政令で定めるところにより、貨物、当該貨物の供給者又は供給国及び期間（9月以内で政令で定める期間内に限る。）を指定し、当該指定された供給者又は供給国に係る当該指定された貨物で当該指定された期間内に輸入されるものにつき、当該貨物を輸入しようとする者に対し、次のいずれかの措置をとることができる。

一　当該貨物の正常価格と推定される価格と不当廉売価格と推定される価格との差額に相当する額と同額以下の暫定的な関税を課すること。

二　第2項の規定による不当廉売関税を保全するため、前号の暫定的な関税の額に相当する額を保証する担保の提供を命ずること。

10　政府は、前項の規定による措置がとられた貨物につき、第8項の規定により約束を受諾したときは、政令で定めるところにより、当該措置を解除するものとする。

11　政府は、第5項の調査が終了したときは、第2項の規定により不当廉売関税を課する場合を除き、第9項の規定により課された暫定的な関税又は提供された担保を速やかに還付し、又は解除しなければならない。同項の規定により課された暫定的な関税又は提供された担保の額が第2項の規定により課される不当廉売関税の額を超える場合における当該超える部分の暫定的な関税又は担保についても、同様とする。

12　新規供給者（第1項の規定により供給国を指定して不当廉売関税が課される場合において、第5項又は第22項の調査の対象となる期間内に本邦に輸入された指定貨物の供給者及びこれと関係を有する者として政令で定めるもの以外の供給者をいう。以下この条において同じ。）は、政令で定めるところにより、政府に対し、当該新規供給者に係る貨物に課される第1項の規定による不当廉売関税の額が当該貨物の現実の不当廉売差額と異なることに関する事実についての十分な証拠を提出し、当該新規供給者に係る貨物に課される当該不当廉売関税を変更し、又は廃止することを求めることができる。

13　政府は、前項の規定による求めがあつた場合又は新規供給者に係る貨物に課される第1項の規定による不当廉売関税の額が当該貨物の現実の不当廉売差額と異なることに関する事実についての十分な証拠があり必要があると認める場合は、当該事実の有無につき調査を行うものとする。

14　第6項から第8項までの規定は、前項の調査が開始された場合について準用する。この場合において、第6項本文中「1年以内に」とあるのは、「1年以内において速やかに」と読み替えるものとする。

15　第13項の調査が開始されたときは、当該調査に係る新規供給者が輸出し、又は生産する貨物で、当該調査が開始された日から終了する日までの期間内（第17項及び第18項において「調査期間内」という。）に輸入されるものについては、第1項の規定にかかわらず、同項の規定による不当廉売関税を課さないものとし、同項の規定により課される不当廉売関税を次項の規定により変更し、又は継続する場合を除き、政令で定めるところにより、当該調査に係る新規供給者が輸出し、又は生産する貨物に課される第1項の規定による不当廉売関税を当該調査が開始された日から廃止するものとする。

16　第13項の調査の対象となつた新規供給者に係る貨物について不当廉売差額が認められる場合は、政令で定めるところにより、期間（当該調査の開始の日から当該調査に係る第1項の規定により課される不当廉売関税について同項の規定による指定がされた期間の末日までの期間内に限る。）を指定し、当該指定された期間内に輸入される当該新規供給者に係る貨物

関税定率法（不当廉売関税）　**141**

について第1項の規定により課される不当廉売関税を変更し、又は継続することができる。

17　前項の場合において、調査期間内に輸入された貨物について課される不当廉売関税は、当該不当廉売関税を課されることとなる貨物の輸入者が納める義務があるものとし、当該不当廉売関税の額は、第15項の規定により課さないものとされる第1項の規定による不当廉売関税の額に相当する額を限度とする。

18　政府は、第1項の規定により課される不当廉売関税を第16項の規定により変更し、又は継続することとなる場合に調査期間内に輸入された貨物について課される当該変更又は継続された第1項の規定による不当廉売関税を保全するため、政令で定めるところにより、第13項の調査に係る新規供給者が輸出し、又は生産する貨物を調査期間内に輸入しようとする者に対し、当該貨物について第15項の規定により課さないものとされる第1項の規定による不当廉売関税の額に相当する額と同額以下の額を保証する担保の提供を命ずることができる。

19　政府は、第13項の調査が終了した場合において、第1項の規定により課される不当廉売関税を第15項の規定により廃止するときは、前項の規定により提供された担保を速やかに解除しなければならない。同項の規定により提供された担保の額が第16項の規定により変更された第1項の規定により課される不当廉売関税の額を超える場合における当該超える部分の担保についても、同様とする。

20　指定貨物について次に掲げる事情の変更がある場合において、必要があると認められるときは、政令で定めるところにより、第1項の規定により課される不当廉売関税を変更（同項の規定により指定された期間の変更を含む。以下この項及び次項において同じ。）し、又は廃止することができる。第1項の規定により課される不当廉売関税を変更する場合において、次の各号に掲げる事情の変更のいずれをも勘案してその必要があると認められるときは、同項の規定により指定された期間を延長することができる。

一　当該指定貨物に係る不当廉売についての事情の変更

二　当該指定貨物の輸入の本邦の産業に与える実質的な損害等の事実についての事情の変更

21　指定貨物の供給者若しくはその団体、輸入者若しくはその団体又は第1項に規定する本邦の産業に利害関係を有する者は、同項の規定により指定された期間の初日から1年を経過した日以後において、政令で定めるところにより、政府に対し、前項第1号又は第2号に掲げる事情の変更があることについての十分な証拠を提出し、第1項の規定により課される不当廉売関税を変更し、又は廃止することを求めることができる。

22　政府は、前項の規定による求めがあつた場合その他第20項第1号又は第2号に掲げる事情の変更があることについての十分な証拠がある場合において、必要があると認めるときは、当該事情の変更の有無につき調査を行うものとする。

23　前項の調査は、当該調査を開始した日から1年以内に終了するものとする。ただし、特別の理由により必要があると認められる期間に限り、その期間を延長することができる。

24　第7項及び第8項の規定は、第22項の調査が開始された場合について準用する。

25　第1項の規定により不当廉売関税が課されている場合において、不当廉売された指定貨物の輸入及び当該輸入の本邦の産業に与える実質的な損害等の事実が同項の規定により指定された期間の満了後に継続し、又は再発するおそれがあると認められるときは、政令で定めるところにより、当該指定された期間を延長することができる。

26　指定貨物に係る第1項に規定する本邦の産業に利害関係を有する者は、同項の規定により指定された期間の末日の1年前の日までに、政令で定めるところにより、政府に対し、不当廉売された指定貨物の輸入及び当該輸入の本邦の産業に与える実質的な損害等の事実が当該指定された期間の満了後に継続し、又は再発するおそれがあることについての十分な証拠を提出し、当該指定された期間の延長を求めることができる。

27　政府は、前項の規定による求めがあつた場合その他不当廉売された指定貨物の輸入及び当該輸入の本邦の産業に与える実質的な損害等の事実が第1項の規定により指定された期間の満了後に継続し、又は再発するおそれがあることについての十分な証拠がある場合におい

て、必要があると認めるときは、当該おそれの有無につき調査を行うものとする。

28 第7項、第8項及び第23項の規定は、前項の調査が開始された場合について準用する。

29 第27項の調査が開始された日から終了する日までの期間内に輸入される指定貨物については、当該指定貨物が第1項の規定により指定された期間内に輸入されたものとみなして同項の規定を適用する。

30 第1項の規定により指定された期間を第20項又は第25項の規定により延長する場合においてその延長することができる期間は、次の各号に掲げる場合に応じ、当該各号に定める日から5年以内に限るものとする。当該延長された期間を延長する場合においても、同様とする。
　一　第20項の規定により延長する場合　第22項の調査が完了した日
　二　第25項の規定により延長する場合　第27項の調査が完了した日

31 第20項から第24項まで及び前項（第2号を除く。）の規定は、第8項の規定により受諾された約束を変更（有効期間の変更を含む。）する場合について準用する。

32 指定貨物の輸入者が納付した不当廉売関税の額が当該指定貨物の現実の不当廉売差額を超える事実がある場合には、当該輸入者は、政令で定めるところにより、政府に対し、当該事実についての十分な証拠を提出し、当該超える部分の額（次項において「要還付額」という。）に相当する不当廉売関税の還付の請求をすることができる。

33 政府は、前項の規定による請求があつた場合には、要還付額の有無その他必要な事項について調査し、その調査したところにより、遅滞なく、その請求に係る金額を限度として不当廉売関税を還付し、又は請求の理由がない旨をその請求をした者に通知する。

34 前項の調査は、第32項の規定による請求があつた日から1年以内に終了するものとする。ただし、特別の理由により必要があると認められる場合には、その期間を6月以内に限り延長することができる。

35 関税法第13条第2項から第7項まで（還付及び充当）の規定は、第32項から前項までの規定により不当廉売関税を還付する場合について準用する。この場合において、同法第13条第2

項に規定する還付加算金の計算の基礎となる同項の期間は、第32項の規定による還付の請求があつた日の翌日から起算するものとする。

36 輸出者と連合している輸入者による輸入された貨物の国内における販売が当該貨物の輸出のための販売価格及び正常価格より低い価格で行われる場合には、当該販売を不当廉売された貨物の輸入とみなして、前各項の規定を適用する。

37 前各項に定めるもののほか、不当廉売関税の適用に関し必要な事項は、政令で定める。

不当廉売関税に関する政令

（定義）

第1条　この政令において、「供給者」、「供給国」、「指定貨物」、「不当廉売差額」又は「要還付額」とは、それぞれ関税定率法（以下「法」という。）第8条第1項又は第32項に規定する供給者、供給国、指定貨物、不当廉売差額又は要還付額をいう。

（正常価格）

第2条　法第8条第1項に規定する政令で定める価格は、次に掲げる価格とする。
　一　当該輸入貨物の原産国における消費に向けられる当該輸入貨物と同種の貨物の通常の商取引における価格
　二　当該輸入貨物の供給国から本邦以外の国に輸出される当該輸入貨物と同種の貨物の輸出のための販売価格
　三　当該輸入貨物の生産費に当該輸入貨物の原産国で生産された当該輸入貨物と同種の貨物に係る通常の利潤並びに管理費、販売経費及び一般的な経費の額を加えた価格
　四　当該輸入貨物の供給国と比較可能な最も近い経済発展段階にある国における消費に向けられる当該輸入貨物と同種の貨物の通常の商取引における価格、当該供給国と比較可能な最も近い経済発展段階にある国から輸出される当該同種の貨物の輸出のための販売価格又は当該輸入貨物の原産国と比較可能な最も近い経済発展段階にある国における当該同種の貨物の生産費に当該同種の貨物に係る通常の利潤並びに管理費、販売経費及び一般的な経費の額を加えた価格

不当廉売関税に関する政令　**143**

2　法第8条第1項の規定を適用する場合において、前項第2号又は第3号に掲げる価格を用いることができる場合は、当該輸入貨物の供給国における消費に向けられる当該輸入貨物と同種の貨物の通常の商取引における価格がない場合又は当該供給国の市場が特殊な状況にあるため若しくは当該供給国における当該輸入貨物と同種の貨物の販売量が少ないため当該供給国における消費に向けられる当該輸入貨物と同種の貨物の通常の商取引における価格を用いることが適当でないと認められる場合に限るものとし、同項第4号に掲げる価格を用いることができる場合は、当該輸入貨物の供給国が世界貿易機関を設立するマラケシュ協定附属書1Aの1994年の関税及び貿易に関する一般協定の附属書1（注釈及び補足規定）の「第6条について」の「1について」の2に規定する国である場合に限るものとする。

3　前項の規定にかかわらず、中華人民共和国（香港地域及びマカオ地域を除く。以下この項及び第10条の2において同じ。）又はベトナムを原産地とする特定の種類の輸入貨物に法第8条第1項の規定を適用する場合において、当該輸入貨物の生産者が、当該輸入貨物と同種の貨物を生産している当該輸入貨物の原産国の産業において当該同種の貨物の生産及び販売について市場経済の条件が浸透している事実（第10条の2において「特定貨物の生産及び販売について市場経済の条件が浸透している事実」という。）があることを明確に示すことができない場合は、第1項第4号に掲げる価格を用いることができる。

4　法第8条第1項に規定する正常価格は、当該輸入貨物の輸出のための販売価格との間の取引段階、取引数量その他価格の比較に影響を及ぼす条件の差異により生じた価格差につき必要な調整を行った後の価格とする。

（輸出のための販売価格の特例）

第3条　法第8条第1項の規定を適用する場合において、当該輸入貨物につき輸出のための販売価格がない場合又は当該輸入貨物の輸出者が当該輸入貨物の輸入者（本邦において当該輸入貨物を譲り受けた者を含む。）と連合しているために当該輸入貨物の輸出のための販売価格を用いることが適当でないと認められる場合における当該輸入貨物の輸出のための販売

価格は、当該輸入貨物の輸出者及び輸入者と連合していない者に対して国内において最初に販売される当該輸入貨物の国内販売価格（その国内販売価格が当該輸入貨物を原材料として生産がされた上販売される貨物に係る価格であるときは、当該国内販売価格から当該生産により付加された価額を控除して得られる価格）に基づき算出される価格とする。

（本邦の産業）

第4条　法第8条第1項に規定する本邦の産業とは、当該輸入貨物と同種の貨物の本邦における総生産高に占める生産高の割合が相当の割合以上である本邦の生産者をいうものとする。

2　前項の本邦の生産者には、次に掲げる関係を有する生産者及び当該輸入貨物を法第8条第4項、第21項（同条第31項において準用する場合を含む。）又は第26項の規定による求めがあった日（これらの規定による求めがない場合において同条第5項、第22項（同条第31項において準用する場合を含む。）又は第27項の調査を行うときは、当該調査を開始する日）の6月前の日以後に輸入（その輸入量が少量なものを除く。）した生産者は含まないものとする。ただし、次の各号に掲げる関係を有する生産者が、当該各号に掲げる関係による影響が次の各号に掲げる関係のいずれをも有しない他の生産者の行動と異なる行動をとらせるものでないことについての証拠を提出した場合、又は当該輸入貨物を輸入した生産者が、当該輸入貨物及びこれと同種の貨物に係る当該生産者の事業のうち主たる事業が当該輸入貨物と同種の貨物の本邦における生産であることについての証拠を提出した場合において、当該証拠によりその旨認められるときは、この限りでない。

一　当該輸入貨物の供給者又は輸入者を直接又は間接に支配している関係

二　当該輸入貨物の供給者又は輸入者により直接又は間接に支配されている関係

三　当該輸入貨物の供給者又は輸入者を直接又は間接に支配している第三者により直接又は間接に支配されている関係

四　当該輸入貨物の供給者又は輸入者と共同して同一の第三者を直接又は間接に支配している関係

（本邦の産業に利害関係を有する者）

第5条　法第8条第4項、第21項及び第26項に規

定する本邦の産業に利害関係を有する者とは、次に掲げる者をいうものとする。

一　当該輸入貨物と同種の貨物の本邦の生産者又は当該貨物の本邦の生産者を直接若しくは間接の構成員とする団体（以下この号、第7条及び第10条において「関係生産者等」という。）（団体である関係生産者等にあっては、その直接又は間接の構成員のうち2以上の者が当該貨物の本邦の生産者であるものに限る。第7条において同じ。）であって当該生産者又は当該団体の直接若しくは間接の構成員である当該生産者の当該貨物の本邦における生産高の合計が当該貨物の本邦における総生産高の4分の1以上の割合を占めるもの

二　当該輸入貨物と同種の貨物の本邦における生産に従事する者を直接又は間接の構成員とする労働組合（第7条及び第10条において「関係労働組合」という。）であってその直接又は間接の構成員のうち当該生産に従事する者の合計が当該生産に従事する者の総数の4分の1以上の割合を占めるもの

2　前条第2項の規定により同条第1項の本邦の生産者には含まないとされる生産者及び当該生産者の当該輸入貨物と同種の貨物の本邦における生産高は、前項第1号の本邦の生産者及び総生産高には含まないものとし、同条第2項の規定により同条第1項の本邦の生産者には含まないとされる生産者の当該貨物の生産に従事する者は、前項第2号の従事する者には含まないものとする。

（新規供給者とならない者）

第6条　法第8条第12項に規定する指定貨物の供給者と関係を有する者として政令で定めるものは、次に掲げる者とする。

一　当該供給者を直接又は間接に支配している者

二　当該供給者により直接又は間接に支配されている者

三　当該供給者を直接又は間接に支配している第三者により直接又は間接に支配されている者

四　当該供給者と共同して同一の第三者を直接又は間接に支配している者

（不当廉売関税を課すること等を求める手続）

第7条　法第8条第4項の規定により政府に対し不当廉売関税を課することを求めようとする者（以下この項において「申請者」という。）は、次に掲げる事項を記載した書面に、同条第4項に規定する不当廉売された貨物の輸入の事実及び当該輸入の本邦の産業に与える実質的な損害等の事実についての十分な証拠を添えて、これを財務大臣に提出しなければならない。

一　当該申請者の氏名又は名称及び住所又は居所

二　当該貨物の品名、銘柄、型式及び特徴

三　当該貨物の供給者又は供給国

四　第5条第1項に規定する本邦の産業に利害関係を有する者に該当する事情

五　法第8条第4項に規定する不当廉売された貨物の輸入の事実及び当該輸入の本邦の産業に与える実質的な損害等の事実の概要

六　提出に係る書面に記載された事項の一部又は証拠の全部若しくは一部（以下この条において「証拠等」という。）を秘密として取り扱うことを求めるときは、その旨及びその理由

七　当該申請者の法第8条第4項の規定による求めに対する関係生産者等又は関係労働組合の支持の状況

八　その他参考となるべき事項

2　法第8条第1項の規定により課される不当廉売関税について、同条第12項の規定により政府に対し当該不当廉売関税を変更し、又は廃止することを求めようとする同項に規定する新規供給者（以下この項において「申請者」という。）は、次に掲げる事項を記載した書面に、当該申請者に係る貨物に課される当該不当廉売関税の額が当該貨物の現実の不当廉売差額と異なることに関する事実についての十分な証拠及び同条第5項又は第22項の調査の対象となる期間内に本邦に輸入された指定貨物の供給者と関係を有しないことを誓約する書面を添えて、これを財務大臣に提出しなければならない。

一　当該申請者の氏名又は名称及び住所又は居所

二　当該不当廉売関税に係る指定貨物の品名、銘柄、型式及び特徴

三　法第8条第12項に規定する新規供給者に該当する事情

四　当該申請者に係る貨物に課される当該不当廉売関税の額が当該貨物の現実の不当廉売差

額と異なることに関する事実の概要

五　提出に係る証拠等を秘密として取り扱うことを求めるときは、その旨及びその理由

六　その他参考となるべき事項

3　法第8条第1項の規定により課される不当廉売関税について、同条第21項の規定により政府に対し当該不当廉売関税を変更し、又は廃止することを求めようとする者（以下この項において「申請者」という。）は、次に掲げる事項を記載した書面に、同条第20項第1号又は第2号に掲げる事情の変更があることについての十分な証拠を添えて、これを財務大臣に提出しなければならない。

一　当該申請者の氏名又は名称及び住所又は居所

二　当該不当廉売関税に係る指定貨物の品名、銘柄、型式及び特徴

三　当該不当廉売関税に係る指定貨物の供給者又は供給国

四　法第8条第21項に規定する者に該当する事情

五　法第8条第20項第1号又は第2号に掲げる事情の変更の概要

六　提出に係る証拠等を秘密として取り扱うことを求めるときは、その旨及びその理由

七　当該申請者が第5条第1項に規定する本邦の産業に利害関係を有する者である場合には、当該申請者の法第8条第21項の規定による求めに対する関係生産者等又は関係労働組合の支持の状況

八　その他参考となるべき事項

4　法第8条第1項の規定により課される不当廉売関税に係る同項の規定により指定された期間について、同条第26項の規定により政府に対しその延長を求めようとする者（以下この項において「申請者」という。）は、次に掲げる事項を記載した書面に、同条第26項に規定する不当廉売された指定貨物の輸入及び当該輸入の本邦の産業に与える実質的な損害等の事実が当該指定された期間の満了後に継続し、又は再発するおそれがあることについての十分な証拠を添えて、これを財務大臣に提出しなければならない。

一　当該申請者の氏名又は名称及び住所又は居所

二　当該不当廉売関税に係る指定貨物の品名、

銘柄、型式及び特徴

三　当該不当廉売関税に係る指定貨物の供給者又は供給国

四　第5条第1項に規定する本邦の産業に利害関係を有する者に該当する事情

五　法第8条第26項に規定する不当廉売された指定貨物の輸入及び当該輸入の本邦の産業に与える実質的な損害等の事実が当該指定された期間の満了後に継続し、又は再発するおそれがあることの概要

六　提出に係る証拠等を秘密として取り扱うことを求めるときは、その旨及びその理由

七　当該申請者の法第8条第26項の規定による求めに対する関係生産者等又は関係労働組合の支持の状況

八　その他参考となるべき事項

5　第3項の規定は、法第8条第8項前段（同条第14項前段、第24項及び第28項において準用し、並びに同条第24項の規定を同条第31項において準用する場合を含む。）の規定により受諾された約束を同条第31項において準用する同条第21項の規定により変更（有効期間の変更を含む。）することを求める場合について準用する。

6　財務大臣は、前各項の規定により提出された証拠等で秘密として取り扱うことを適当と認めるもの（以下この条において「秘密証拠等」という。）があるときは、当該証拠等を提出した者に対し、当該秘密証拠等についての秘密として取り扱うことを要しない要約を記載した書面の提出を求めるものとする。

7　前項の書面の提出を求められた者は、同項に規定する秘密証拠等についての要約をすることができないと考えるときは、その旨及びその理由を記載した書面を財務大臣に提出しなければならない。

8　財務大臣は、第6項の規定により秘密証拠等に係る書面の提出を求められた者が前2項の規定による書面の提出をしない場合又は当該提出を求められた者が前2項の規定により提出した書面の内容が適当でないと認める場合には、当該秘密証拠等を調べないものとすることができる。

9　財務大臣は、第1項から第5項までの規定により提出された証拠等のうち当該証拠等を提出した者から秘密として取り扱うことが求め

146 第5部　特殊関税関係法令集

られたものについて、秘密として取り扱うことが適当でないと認める場合には、当該証拠等を提出した者に対し、速やかに、その旨及びその理由を通知するものとする。この場合において、財務大臣は、当該証拠等を提出した者が秘密として取り扱うことの求めを撤回せず、かつ、当該証拠等についての適当と認められる要約を記載した書面を提出しないときは、当該秘密として取り扱うことが求められた証拠等を調べないものとすることができる。

10　財務大臣は、第1項から第5項までの規定により提出された証拠等を前2項の規定により調べないものとしたときは、速やかに、その旨及びその理由を当該証拠等を提出した者に対し書面により通知しなければならない。

（調査の開始の通知等）

第8条　財務大臣は、法第8条第5項、第13項、第22項（同条第31項において準用する場合を含む。）又は第27項の調査（第14条、第16条第1項（各号列記以外の部分に限る。）、第17条及び第19条を除き、以下単に「調査」という。）を開始することが決定されたときは、速やかに、その旨及び次に掲げる事項を直接の利害関係人（当該調査に係る貨物の供給者又はその団体（その直接又は間接の構成員の過半数が当該調査に係る貨物の供給者である団体に限る。）及び当該調査に係る貨物の輸入者又はその団体（その直接又は間接の構成員の過半数が当該調査に係る貨物の輸入者である団体に限る。）並びに当該調査に係る申請者（法第8条第4項、第12項、第21項（同条第31項において準用する場合を含む。）又は第26項の規定による求めをした者をいう。以下この条において同じ。）並びにこれらの者以外の者であって財務大臣が当該調査に特に利害関係を有すると認める者をいう。以下同じ。）と認められる者に対し書面により通知するとともに、官報で告示しなければならない。

一　当該申請者の氏名又は名称及び住所又は居所

二　当該調査に係る貨物の品名、銘柄、型式及び特徴

三　当該調査に係る貨物の供給者又は供給国

四　当該調査を開始する年月日

五　当該調査の対象となる期間

六　当該調査の対象となる事項の概要

七　第10条第1項前段及び第10条の2第1項前段の規定による証拠の提出及び証言、第11条第1項の規定による証拠等の閲覧、第12条第1項の規定による対質の申出、第12条の2第1項の規定による意見の表明並びに第13条第1項の規定による情報の提供についてのそれぞれの期限

八　その他参考となるべき事項

2　財務大臣は、前項の規定により直接の利害関係人に対し通知する場合には、申請者を除く直接の利害関係人に対し、同項に規定する書面に前条第1項から第5項までの規定により提出された書面及び証拠（その性質上秘密として取り扱うことが適当であると認められる部分及び申請者により秘密の情報として提供された部分を除く。）の写しを併せて送付しなければならない。

3　財務大臣は、法第8条第4項、第12項、第21項（同条第31項において準用する場合を含む。）又は第26項の規定による求めがあった場合において、調査を開始しないことが決定されたときは、速やかに、その旨及びその理由を申請者に対し書面により通知しなければならない。

（調査の期間の延長）

第9条　財務大臣は、法第8条第6項ただし書（同条第14項前段において準用する場合を含む。）又は第23項ただし書（同条第28項及び第31項において準用する場合を含む。）の規定により調査の期間を延長することが決定されたときは、速やかに、その旨、延長される調査の期間及び延長の理由を直接の利害関係人に対し書面により通知するとともに、官報で告示しなければならない。

（証拠の提出等）

第10条　調査が開始された場合において、利害関係者（直接の利害関係人並びに関係生産者等（団体である関係生産者等にあっては、その直接又は間接の構成員の過半数が当該貨物の本邦の生産者であるものに限る。）及び関係労働組合（その直接又は間接の構成員の過半数が当該輸入貨物と同種の貨物の本邦における生産に従事する者である労働組合に限る。）であって直接の利害関係人以外のものをいう。以下同じ。）は、第8条第1項の規定により通知又は告示された同項第7号に掲げる期限までに、法第8条第5項若しくは第13項に規定する事実、同

条第22項（同条第31項において準用する場合を含む。）に規定する事情の変更又は同条第27項に規定するおそれに関し、財務大臣に対し、証拠を提出し、又は証言をすることができる。この場合において、証拠を提出し、又は証言をしようとする者は、証拠又は証言により証明しようとする事実並びに当該証拠又は証言を秘密として取り扱うことを求めるときはその旨及びその理由を記載した書面を提出しなければならない。

2　財務大臣は、調査の期間中必要があると認めるときは、利害関係者に対し、法第8条第5項若しくは第13項に規定する事実、同条第22項（同条第31項において準用する場合を含む。）に規定する事情の変更又は同条第27項に規定するおそれに関し、証拠を提出し、又は証言をすることを求めることができる。この場合において、証拠を提出し、又は証言をしようとする者は、当該証拠又は証言を秘密として取り扱うことを求めるときは、その旨及びその理由を記載した書面を提出しなければならない。

3　財務大臣は、利害関係者から第1項前段の規定による証言の求めがあった場合又は前項前段の規定により利害関係者に証言を求める場合は、証言の聴取の日時及び場所その他証言の聴取のために必要な事項を当該利害関係者に対し書面により通知しなければならない。

4　財務大臣が第2項前段の規定により利害関係者に対し証拠又は証言を求めた場合には、第13条の2の決定（当該証拠又は証言を求める前に行われたものを除く。）及び第15条の決定は、当該証拠又は証言が提出された後でなければしてはならない。ただし、当該利害関係者が相当な期間内に当該証拠又は証言を提供しない場合は、この限りでない。

5　第7条第6項から第10項までの規定は、第1項前段若しくは第2項前段の規定により提出された証拠又はこれらの規定によりされた証言について準用する。

（中華人民共和国又はベトナムを原産地とする特定の種類の輸入貨物の生産者による証拠の提出等）

第10条の2　中華人民共和国又はベトナムを原産地とする特定の種類の輸入貨物に対する調査が開始された場合においては、前条の規定によるほか、当該輸入貨物の生産者（以下この条において単に「生産者」という。）は、第8条第

1項の規定により通知又は告示された同項第7号に掲げる期限までに、特定貨物の生産及び販売について市場経済の条件が浸透している事実に関し、財務大臣に対し、証拠を提出し、又は証言をすることができる。この場合において、証拠を提出し、又は証言をしようとする者は、証拠又は証言により証明しようとする事実並びに当該証拠又は証言を秘密として取り扱うことを求めるときはその旨及びその理由を記載した書面を提出しなければならない。

2　財務大臣は、前項前段の調査の期間中必要があると認めるときは、生産者に対し、特定貨物の生産及び販売について市場経済の条件が浸透している事実に関し、証拠を提出し、又は証言をすることを求めることができる。この場合において、証拠を提出し、又は証言をしようとする者は、当該証拠又は証言を秘密として取り扱うことを求めるときは、その旨及びその理由を記載した書面を提出しなければならない。

3　財務大臣は、生産者から第1項前段の規定による証言の求めがあった場合又は前項前段の規定により生産者に証言を求める場合は、証言の聴取の日時及び場所その他証言の聴取のために必要な事項を当該生産者に対し書面により通知しなければならない。

4　第7条第6項から第10項までの規定は、第1項前段若しくは第2項前段の規定により提出された証拠又はこれらの規定によりされた証言について準用する。

（証拠等の閲覧）

第11条　調査が開始された場合において、財務大臣は、第8条第1項の規定により通知又は告示された同項第7号に掲げる期限まで、第4条第2項ただし書の規定により提出された証拠、第7条第1項から第5項までの規定により提出された書面若しくは証拠、第10条第1項前段若しくは第2項前段若しくは前条第1項前段若しくは第2項前段の規定により提出された証拠若しくはこれらの規定によりされた証言を録取した書面若しくはその他の証拠（その性質上秘密として取り扱うことが適当であると認められる書面及び証拠並びに利害関係者により秘密の情報として提供された書面及び証拠並びに秘密の情報としてされた証言を録取した書面を除く。）又は第7条第6項、第7項若しくは第9項後段（これらの規定を第10条第5

148 第5部　特殊関税関係法令集

項及び前条第4項において準用する場合を含
む。）の規定により提出された書面（次項におい
て「証拠等」という。）を利害関係者に対して閲
覧させなければならない。

2　前項の規定により証拠等の閲覧をしようと
する者は、閲覧をしようとする証拠等の標目及
び利害関係者に該当する事情を記載した書面
を財務大臣に提出しなければならない。

（対質）

第12条　調査が開始された場合において、当該調
査の対象となっている事項に関し意見が相反
する利害関係者との対質を求めようとする利
害関係者は、第8条第1項の規定により通知又
は告示された同項第7号に掲げる期限までに、
利害関係者に該当する事情、対質の相手方の氏
名又は名称及び住所又は居所並びに対質によ
り明らかにすべき事実を記載した書面を財務
大臣に提出しなければならない。

2　財務大臣は、前項の対質を求められた利害関
係者の同意が得られた場合は、当該対質の機会
を与えるものとし、あらかじめ、対質の当事者
の氏名又は名称及び住所又は居所、対質により
明らかにすべき事実並びに対質を行う日時及
び場所その他対質を行うため必要な事項を当
事者に対し書面により通知しなければならな
い。

3　前項の通知を受けた対質の当事者は、当該通
知に示された対質により明らかにすべき事実
に関して当該対質において表明する意見を記
載した書面及び相手方の数と同数の当該書面
の写しを、当該対質を行う日の10日前までに、
財務大臣に提出しなければならない。この場合
において、財務大臣は、速やかに、当該提出さ
れた書面の写しを対質の相手方に送付するも
のとする。

（意見の表明）

第12条の2　調査が開始された場合において、利
害関係者、当該調査に係る貨物の産業上の使用
者又は当該貨物の主要な消費者の団体は、第8
条第1項の規定により通知又は告示された同
項第7号に掲げる期限までに、当該調査に関
し、財務大臣に対し、書面により意見を表明す
ることができる。ただし、主要な消費者の団体
が意見を表明することができるのは、当該貨物
が小売に供されている場合に限る。

2　財務大臣は、調査の期間中必要があると認め

るときは、利害関係者、当該調査に係る貨物の
産業上の使用者又は当該貨物の主要な消費者
の団体に対し、当該調査に関し、書面による意
見の表明を求めることができる。

（産業上の使用者及び消費者団体の情報提供）

第13条　調査が開始された場合において、当該調
査に係る貨物の産業上の使用者又は当該貨物
の主要な消費者の団体は、第8条第1項の規定
により通知又は告示された同項第7号に掲げ
る期限までに、当該調査の対象となっている事
項に関する情報を財務大臣に対し書面により
提供することができる。ただし、主要な消費者
の団体が情報を提供することができるのは、当
該貨物が小売に供されている場合に限る。

2　財務大臣は、調査の期間中必要があると認め
るときは、当該調査に係る貨物の産業上の使用
者又は当該貨物の主要な消費者の団体に対し、
当該調査の対象となっている事項に関する情
報を書面により提供することを求めることが
できる。

（仮の決定の通知等）

第13条の2　財務大臣は、法第8条第5項の調査
が開始された場合において、同条第8項又は第
9項に規定する不当廉売された貨物の輸入の
事実及び当該輸入の本邦の産業に与える実質
的な損害等の事実を推定することについての
決定がされたときは、その旨及び当該決定の基
礎となった事実を直接の利害関係人に対し書
面で通知するとともに、官報で告示するものと
する。

（約束の申出等）

第14条　法第8条第5項、第13項、第22項（同条
第31項において準用する場合を含む。）又は第
27項の調査に係る貨物の輸出者は、同条第7項
（同条第14項前段、第24項及び第28項において
準用し、並びに同条第24項の規定を同条第31項
において準用する場合を含む。第18条において
同じ。）の規定により政府に対し約束の申出を
しようとするときは、その旨、当該約束の申出
の内容及び法第8条第5項の調査を完了させ
ることを希望する場合にあってはその旨を記
載した書面を財務大臣に提出しなければなら
ない。

2　財務大臣は、前項の規定による約束の申出に
つき法第8条第8項前段（同条第14項前段、第
24項及び第28項において準用し、並びに同条第

24項の規定を同条第31項において準用する場合を含む。第5項において同じ。）の規定による受諾がされたときは、速やかに、その旨及び当該約束の内容（その性質上秘密として取り扱うことが適当であると認められる部分及び当該約束の申出をした輸出者により秘密の情報として提供された部分を除く。）並びに同条第5項の調査を取りやめることが決定された場合にあってはその旨、その理由及び当該調査を取りやめる期日又は当該調査を継続することが決定された場合にあってはその旨を、直接の利害関係人に対し書面により通知するとともに、官報で告示しなければならない。

3　法第8条第7項の規定により同条第5項の調査に係る貨物の輸出者からされた約束の申出につき同条第8項前段の規定による受諾がされた後当該調査が完了した場合において、当該貨物の輸入につき、政府が、同条第5項に規定する事実がある旨の認定をしたときは、同条第8項前段の規定による受諾がされた約束は消滅しないものとし、当該事実がない旨の認定をしたときは、当該約束は消滅するものとする。ただし、当該事実がない旨の認定が主として当該約束があることを考慮してされたものであるときは、当該約束は消滅しないものとする。

4　財務大臣は、前項の認定がされたときは、速やかに、法第8条第8項前段の規定による受諾がされた約束が消滅しない旨又は消滅した旨及びその理由を直接の利害関係人に対し書面により通知するとともに、官報で告示しなければならない。

5　財務大臣は、第3項の規定により約束が消滅する場合のほか、法第8条第8項前段の規定による受諾がされた約束が効力を失ったときは、速やかに、その旨及びその理由を直接の利害関係人に対し書面により通知するとともに、官報で告示しなければならない。

（最終決定前の重要事実の開示）
第15条　財務大臣は、法第8条第1項の規定により不当廉売関税を課し、又は同項の規定により課される不当廉売関税を変更（同項の規定により指定された期間の変更を含む。）し、若しくは廃止するかどうかの決定までに相当な期間をおいて、当該決定の基礎となる重要な事実を直接の利害関係人に対し書面により通知するも

のとする。

（不当廉売関税を課することの通知等）
第16条　財務大臣は、法第8条第1項の規定により不当廉売関税を課すること、同項の規定により課される不当廉売関税を変更（同項の規定により指定された期間の変更を含む。）すること若しくは廃止すること若しくは同条第9項の規定による措置をとることが決定されたとき又は同条第1項の規定により指定された期間が満了したとき（同条第27項の調査が行われている場合を除く。以下この項において同じ。）は、速やかに、その旨及び次に掲げる事項を直接の利害関係人に対し書面により通知するとともに、官報で告示しなければならない。

一　法第8条第1項又は第9項の規定による指定に係る貨物の品名、銘柄、型式及び特徴

二　法第8条第1項又は第9項の規定による指定に係る貨物の供給者又は供給国

三　法第8条第1項又は第9項の規定により指定された期間（同条第1項の規定により課される不当廉売関税を廃止するときは、当該廃止の期日を含む。）

四　調査により判明した事実及びこれにより得られた結論（法第8条第1項の規定により指定された期間が満了したときを除く。）

五　法第8条第1項の規定により不当廉売関税を課することに併せて同条第2項の規定により不当廉売関税を課することが決定されたときは、その対象とされる貨物及びその決定の理由

六　その他参考となるべき事項

2　財務大臣は、調査の結果、法第8条第1項の規定による不当廉売関税を課さないこと又は同項の規定により課される不当廉売関税を変更（同項の規定により指定された期間の変更を含む。）しないこと若しくは廃止しないことが決定されたときは、速やかに、その旨及び次に掲げる事項を直接の利害関係人に対し書面により通知するとともに、官報で告示しなければならない。

一　当該調査に係る貨物の品名、銘柄、型式及び特徴

二　当該調査に係る貨物の供給者又は供給国

三　当該調査により判明した事実及びこれにより得られた結論

四　その他参考となるべき事項

3 前項の規定は、調査を取りやめることが決定された場合(法第8条第8項後段の規定により調査を取りやめることが決定された場合を除く。)について準用する。この場合において、前項中「当該調査により判明した事実及びこれにより得られた結論」とあるのは、「当該調査を取りやめるまでに判明した事実及び当該調査を取りやめる理由」と読み替えるものとする。

(暫定措置の期間)

第17条 法第8条第9項に規定する政令で定める期間は、4月以内の期間とする。ただし、次の各号のいずれかに該当する場合は6月以内の期間とし、次の各号のいずれにも該当する場合は9月以内の期間とする。

一 不当廉売差額に満たない不当廉売関税を課することについて検討する旨が明らかにされる場合

二 法第8条第9項の規定による措置(以下「暫定措置」という。)がとられる貨物の輸出者(当該貨物に占める当該輸出者に係る貨物の割合が相当の割合以上である輸出者に限る。次項において同じ。)が、あらかじめ暫定措置の期間として4月を超える期間を求めた場合

2 法第8条第5項の調査に係る輸入貨物の輸出者は、当該貨物に係る暫定措置の期間として4月を超える期間を求めようとする場合には、その旨及びその理由を記載した書面を、同項の調査が開始された日から60日を経過する日より前に、財務大臣に提出しなければならない。

(新規供給者に係る貨物に係る担保の提供等)

第17条の2 財務大臣は、法第8条第13項の調査に係る新規供給者(同条第12項に規定する新規供給者をいう。)が輸出し、又は生産する貨物について同条第18項の規定により担保の提供を命ずることが決定されたときは、当該決定に係る新規供給者の氏名又は名称及び提供を命ずる担保の額を税関長に通知するものとし、税関長は、当該通知に基づき、当該貨物を当該調査に係る同条第15項に規定する調査期間内に輸入しようとする者(以下この項において「輸入者」という。)に対し、当該決定に係る担保の提供を命ずるものとする。ただし、税関長が、当該輸入者の資力を勘案して担保の提供を命ずる必要がないと認めるときは、この限りでない。

2 税関長は、法第8条第13項の調査が終了した

場合において、同条第1項の規定により課される不当廉売関税を同条第15項の規定により廃止することが決定されたときは、速やかに、前項の規定により提供された担保を解除する手続をしなければならない。

3 税関長は、法第8条第1項の規定により課される不当廉売関税を同条第16項の規定により変更することが決定された場合において、第1項の規定により提供された担保の額が同条第16項の規定により変更された不当廉売関税の額を超えるときは、速やかに、第1項の規定により提供された担保の額のうち当該超える部分の額に相当する額の担保を解除する手続をしなければならない。

(調査に関する協議等)

第18条 財務大臣、法第8条第1項に規定する本邦の産業を所管する大臣(以下この条において「産業所管大臣」という。)及び経済産業大臣は、調査を開始する必要があると認めるときは、相互にその旨を通知するものとする。この場合において、財務大臣、産業所管大臣及び経済産業大臣は、調査(調査の結果の取扱いを含む。)及び法第8条第7項の規定による申出に係る約束に関し常に緊密な連絡(第7条第1項から第5項まで及び第14条第1項の規定により提出された書面の写しの財務大臣による産業所管大臣及び経済産業大臣に対する送付を含む。)を保つとともに、これらに関する重要事項について協議の上定めるものとする。

(還付)

第19条 法第8条第32項の規定により指定貨物に係る不当廉売関税の還付を請求しようとする輸入者は、還付を受けようとする不当廉売関税の額及びその計算の基礎を記載した還付請求書に、要還付額があることについての十分な証拠を添えて、これを当該指定貨物の輸入を許可した税関長に提出しなければならない。この場合において、税関長は、当該提出された書面の写し及び当該証拠を財務大臣に送付するものとする。

2 前条後段の規定は、法第8条第33項の調査が開始された場合について準用する。

3 財務大臣は、法第8条第34項ただし書の規定により同条第33項の調査の期間を延長することが決定されたときは、速やかに、その旨、延長される調査の期間及び延長の理由を同条第

関税定率法（緊急関税）　**151**

32項の規定により請求をした輸入者に対し書面により通知しなければならない。

4　財務大臣は、法第8条第33の調査が終了したときは、その調査の結果を税関長に通知するものとし、税関長は、当該通知に基づき、遅滞なく、その請求に係る金額を限度として不当廉売関税を還付し、又は請求の理由がない旨を書面によりその請求をした輸入者に通知する。

（関税・外国為替等審議会への諮問）

第20条　財務大臣は、調査の結果に基づき法第8条第1項の規定により不当廉売関税を課すること、同項の規定により課される不当廉売関税を変更（同項の規定により指定された期間の変更を含む。）すること若しくは廃止すること又は暫定措置をとることが必要であると認められるときは、速やかに、関税・外国為替等審議会に諮問するものとする。

緊急関税

関税定率法

（緊急関税等）

第9条　外国における価格の低落その他予想されなかつた事情の変化による特定の種類の貨物の輸入の増加（本邦の国内総生産量に対する比率の増加を含む。）の事実（以下この条において「特定貨物の輸入増加の事実」という。）があり、当該貨物の輸入が、これと同種の貨物その他用途が直接競合する貨物の生産に関する本邦の産業に重大な損害を与え、又は与えるおそれがある事実（以下この条において「本邦の産業に与える重大な損害等の事実」という。）がある場合において、国民経済上緊急に必要があると認められるときは、政令で定めるところにより、貨物及び期間（第8項の規定により指定された期間と通算して4年以内に限る。）を指定し、次の措置をとることができる。ただし、指定しようとする貨物のうちに、経済が開発の途上にある世界貿易機関の加盟国を原産地とし、その輸入量が本邦の当該貨物の総輸入量に占める比率が小さいもの（以下この項及び第8項において「輸入少量途上国産品」という。）が含まれている場合には、当該輸入少量途上国産品については、指定から除外するものとする。

一　指定された期間内に輸入される指定された貨物の全部につき、又は当該貨物のうち一定の数量若しくは額を超えるものにつき、別表の税率による関税のほか、当該貨物の課税価格とこれと同種又は類似の貨物の本邦における適正と認められる卸売価格（類似の貨物にあつては、当該貨物の性質及び取引方法の差異による価格の相違を勘案して合理的に必要と認められる調整を加えた価格）との差額から別表の税率による関税の額を控除した額以下の関税を課すること。

二　指定された貨物について世界貿易機関協定附属書1Aの1994年の関税及び貿易に関する一般協定のマラケシュ議定書（以下この条において「マラケシュ議定書」という。）又は世界貿易機関協定附属書1Aの1994年の関税及び貿易に関する一般協定（以下この条において「一般協定」という。）に基づく条約において関税の譲許をしている場合において、指定された期間内に輸入される当該指定された貨物の全部につき、又は当該貨物のうち一定の数量若しくは額を超えるものにつき、一般協定第19条1（特定の貨物の輸入に対する緊急措置）の規定及び世界貿易機関協定附属書1Aのセーフガードに関する協定（以下この条において「セーフガード協定」という。）によりその譲許を撤回し、又は別表の税率（前号の措置がとられている場合には、同号の関税を含む率。以下この号において同じ。）の範囲内においてその譲許を修正し、別表の税率又は修正後の税率による関税を課すること。

2　前項の規定による措置をとる場合において、同項の規定により指定しようとする期間が1年を超えるものであるときは、当該措置は、当該指定しようとする期間内において1定の期間ごとに段階的に緩和されたものでなければならない。

3　特定の貨物につき第1項第2号の規定による措置その他の一般協定第19条1の規定及びセーフガード協定による措置をとる場合又は

とつた場合には、一般協定第19条2（緊急措置のための手続）の規定及びセーフガード協定に基づく協議により、政令で定めるところにより、当該貨物以外の貨物で関税の譲許がされているものにつきその譲許を修正し、又は関税の譲許がされていないものにつき新たに関税の譲許をし、その修正又は譲許をした後の税率を適用することができる。

4　外国において一般協定第19条1の規定及びセーフガード協定により特定の貨物に係る譲許の撤回、譲許の修正その他の措置（以下この項及び次項において「外国の緊急措置」という。）がとられた場合において、一般協定第19条3（a）（緊急措置に対する措置）の規定及びセーフガード協定又は一般協定第19条3（b）（急迫した事態における緊急措置に対する措置）に規定する事情があると認められるときは、輸入される貨物につき、政令で定めるところにより、貨物（一般協定第19条3（a）の規定及びセーフガード協定による措置をとる場合には、国及び貨物）を指定して、次の措置をとることができる。ただし、一般協定第19条3（a）の規定及びセーフガード協定による措置については、当該外国の緊急措置がセーフガード協定により当該外国における当該特定の貨物の輸入数量の増加の事実に基づきとられたものであつて、かつ、当該外国の緊急措置がとられた日から3年を経過していない場合は、この限りでない。

一　当該貨物につき、別表の税率による関税のほか、当該輸入される貨物の課税価格と同額以下の関税を課すること。

二　当該貨物につき、マラケシュ議定書又は一般協定に基づく条約において関税の譲許をしている場合において、当該譲許の適用を停止し、別表の税率（前号の措置がとられている場合には、同号の関税を含む率）の範囲内の税率による関税を課すること。

5　第3項又は前項の規定による措置は、それぞれその効果が第1項第2号の規定による措置その他の一般協定第19条1の規定及びセーフガード協定による措置の補償又は外国の緊急措置に対する対抗措置として必要な限度を超えず、かつ、その国民経済に対する影響ができるだけ少ないものとするような配慮のもとに行わなければならない。

6　政府は、特定貨物の輸入増加の事実及びこれによる本邦の産業に与える重大な損害等の事実についての十分な証拠がある場合において、必要があると認めるときは、これらの事実の有無につき調査を行うものとする。

7　前項の調査は、当該調査を開始した日から1年以内に終了するものとする。ただし、特別の理由により必要があると認められる期間に限り、その期間を延長することができる。

8　政府は、第6項の調査が開始された場合において、その調査の完了前においても、十分な証拠により、特定貨物の輸入増加の事実及びこれによる本邦の産業に与える重大な損害等の事実を推定することができ、国民経済上特に緊急に必要があると認められるときは、政令で定めるところにより、貨物及び期間（200日以内に限る。）を指定し、次の措置をとることができる。ただし、指定しようとする貨物のうちに輸入少量途上国産品が含まれている場合には、当該輸入少量途上国産品については、指定から除外するものとする。

一　指定された期間内に輸入される指定された貨物の全部につき、又は当該貨物のうち一定の数量若しくは額を超えるものにつき、別表の税率による関税のほか、当該貨物の課税価格とこれと同種又は類似の貨物の本邦における適正と推定される卸売価格（類似の貨物にあつては、当該貨物の性質及び取引方法の差異による価格の相違を勘案して合理的に必要と認められる調整を加えた価格）との差額から別表の税率による関税の額を控除した額以下の関税を課すること。

二　指定された貨物についてマラケシュ議定書又は一般協定に基づく条約において関税の譲許をしている場合において、指定された期間内に輸入される当該指定された貨物の全部につき、又は当該貨物のうち一定の数量若しくは額を超えるものにつき、一般協定第19条1の規定及びセーフガード協定によりその譲許を撤回し、又は別表の税率（前号の措置がとられている場合には、同号の関税を含む率。以下この号において同じ。）の範囲内においてその譲許を修正し、別表の税率又は修正後の税率による関税を課すること。

9　政府は、第6項の調査が終了したときは、第1項の規定による措置をとる場合を除き、前項の規定により課された関税を速やかに還付し

なければならない。同項の規定により課された関税の額が、同項の規定による措置がとられていた期間内に輸入される同項の規定により指定された貨物につき、第1項の規定により関税が課されるものとした場合に課される関税の額を超える場合における当該超える部分の関税についても、同様とする。

10　第1項の規定による措置がとられている場合において、同項の規定により指定された期間の満了後においても同項の規定により指定された貨物の輸入の増加による本邦の産業に与える重大な損害等の事実が継続すると認められ、かつ、同項に規定する本邦の産業が構造調整を行つていると認められるときは、政令で定めるところにより、同項の規定により指定された期間を第8項の規定により指定された期間と通算して8年以内に限り延長することができる。この場合において、当該延長された期間内における第1項の規定による措置は、当該延長される前の期間内における同項の規定による措置よりも輸入制限的でないものでなければならない。

11　第6項及び第7項の規定は、第1項の規定により指定された期間を前項の規定により延長する場合について準用する。

12　政府は、第1項の規定により指定された期間が3年を超える場合には、当該期間の前半において同項の規定による措置の撤回又は当該措置の緩和の促進のための検討を行うものとする。

13　第1項第1号の規定による措置又は同項第2号の規定による措置その他の一般協定第19条1の規定及びセーフガード協定による措置（以下この項において「緊急措置」という。）がとられていた貨物については、これらの措置が終了した日からこれらの措置がとられていた期間に相当する期間又は2年間のいずれか長い期間を経過した日以後でなければ、第1項又は第8項の規定による措置をとることができない。ただし、とろうとする措置が180日以内の期間でとられるもの（以下この項において「短期の措置」という。）であつて、かつ、次の各号のいずれにも該当する場合は、この限りでない。

一　当該短期の措置が、当該短期の措置に係る貨物について既にとられた直近の緊急措置の開始の日から1年を経過した日以後にとられる場合

二　過去5年以内に当該短期の措置に係る貨物について緊急措置が3回以上とられていない場合

14　第1項、第3項又は第4項の規定による措置をとつたときは、内閣は、遅滞なく、その内容を国会に報告しなければならない。

15　前各項に定めるもののほか、これらの規定の適用に関し必要な事項は、政令で定める。

緊急関税等に関する政令

（本邦の産業）
第1条　関税定率法（以下「法」という。）第9条第1項に規定する本邦の産業とは、当該輸入貨物と同種の貨物その他用途が直接に競合する貨物（以下「同種貨物等」という。）の本邦における総生産高に占める生産高の割合が相当の割合以上である本邦の生産者をいうものとする。

（調査の開始の告示）
第2条　財務大臣は、法第9条第6項（同条第11項において準用する場合を含む。）の調査（以下単に「調査」という。）を開始することが決定されたときは、速やかに、その旨及び次に掲げる事項を官報で告示しなければならない。

一　当該調査に係る貨物の品名、銘柄、型式及び特徴

二　当該調査を開始する年月日

三　当該調査の対象となる期間

四　当該調査の対象となる事項の概要

五　第4条第1項前段の規定による証拠の提出及び証言、第5条第1項の規定による意見の表明、第6条第1項前段の規定による情報の提供並びに第7条第1項の規定による証拠等、意見及び情報等の閲覧についてのそれぞれの期限

六　第8条第1項の規定による証拠の提出及び証言、同条第3項の規定による意見の表明並びに同条第4項の規定による情報の提供についてのそれぞれの期限

七　その他参考となるべき事項

（調査の期間の延長）
第3条　財務大臣は、法第9条第7項ただし書（同条第11項において準用する場合を含む。）の規定により調査の期間を延長することが決定されたときは、速やかに、その旨、延長される

調査の期間及び延長の理由を官報で告示しなければならない。

（証拠の提出等）

第4条 調査が開始された場合において、利害関係者（当該輸入貨物の輸出者若しくは生産者又はその団体（その直接又は間接の構成員の過半数が当該輸入貨物の輸出者又は生産者である団体に限る。）、当該輸入貨物の輸入者又はその団体（その直接又は間接の構成員の過半数が当該輸入貨物の輸入者である団体に限る。）、同種貨物等の本邦における生産者又はその団体（その直接又は間接の構成員の過半数が同種貨物等の本邦における生産者である団体に限る。）及び同種貨物等の本邦における生産に従事する者を直接又は間接の構成員とする労働組合（その直接又は間接の構成員の過半数が同種貨物等の本邦における生産に従事する者である労働組合に限る。）をいう。以下同じ。）は、第2条の規定により告示された同条第5号に掲げる期限までに、法第9条第6項に規定する事実又は同条第10項に規定する事情に関し、財務大臣に対し、証拠を提出し、又は証言をすることができる。この場合において、証拠を提出し、又は証言をしようとする者は、証拠又は証言により証明しようとする事実並びに当該証拠又は証言を秘密として取り扱うことを求めるときはその旨及びその理由を記載した書面を提出しなければならない。

2　財務大臣は、調査の期間中必要があると認めるときは、利害関係者に対し、法第9条第6項に規定する事実又は同条第10項に規定する事情に関し、証拠を提出し、又は証言をすることを求めることができる。この場合において、証拠を提出し、又は証言をしようとする者は、当該証拠又は証言を秘密として取り扱うことを求めるときは、その旨及びその理由を記載した書面を提出しなければならない。

3　財務大臣は、利害関係者から第1項前段の規定による証言の求めがあった場合又は前項前段の規定により利害関係者に証言を求める場合は、証言の聴取の日時及び場所その他証言の聴取のために必要な事項を当該利害関係者に対し書面により通知しなければならない。

4　財務大臣は、第1項前段又は第2項前段の規定により提出された証拠で秘密として取り扱うことを適当と認めるもの（以下この条におい

て「秘密証拠」という。）があるときは、当該証拠を提出した者に対し、当該秘密証拠についての秘密として取り扱うことを要しない要約を記載した書面の提出を求めるものとする。

5　前項の書面の提出を求められた者は、同項に規定する秘密証拠についての要約をすることができないと考えるときは、その旨及びその理由を記載した書面を財務大臣に提出しなければならない。

6　財務大臣は、第4項の規定により秘密証拠に係る書面の提出を求められた者が前2項の規定による書面の提出をしない場合又は当該提出を求められた者が前2項の規定により提出した書面の内容が適当でないと認める場合には、当該秘密証拠を調べないものとすることができる。

7　財務大臣は、第1項前段又は第2項前段の規定により提出された証拠のうち当該証拠を提出した者から秘密として取り扱うことが求められたものについて、秘密として取り扱うことが適当でないと認める場合には、当該証拠を提出した者に対し、速やかに、その旨及びその理由を通知するものとする。この場合において、財務大臣は、当該証拠を提出した者が秘密として取り扱うことの求めを撤回せず、かつ、当該証拠についての適当と認められる要約を記載した書面を提出しないときは、当該秘密として取り扱うことが求められた証拠を調べないものとすることができる。

8　財務大臣は、第1項前段又は第2項前段の規定により提出された証拠を前2項の規定により調べないものとしたときは、速やかに、その旨及びその理由を当該証拠を提出した者に対し書面により通知しなければならない。

9　第4項から前項までの規定は、第1項前段又は第2項前段の規定によりされた証言について準用する。

（意見の表明）

第5条 調査が開始された場合において、利害関係者、当該調査に係る貨物の産業上の使用者若しくは販売者若しくはその団体（以下「産業上の使用者等」という。）又は当該貨物の主要な消費者の団体（以下「主要な消費者の団体」という。）は、第2条の規定により告示された同条第5号に掲げる期限までに、当該調査に関し、財務大臣に対し、書面により意見を表明すること

緊急関税等に関する政令　**155**

ができる。ただし、主要な消費者の団体が意見を表明することができるのは、当該貨物が小売に供されている場合に限る。

2　財務大臣は、調査の期間中必要があると認めるときは、利害関係者、産業上の使用者等又は主要な消費者の団体に対し、当該調査に関し、書面による意見の表明を求めることができる。

（産業上の使用者等及び消費者団体の情報提供）

第6条　調査が開始された場合において、産業上の使用者等又は主要な消費者の団体は、第2条の規定により告示された同条第5号に掲げる期限までに、当該調査の対象となっている事項に関する情報を財務大臣に対し書面により提供することができる。この場合において、情報を提供しようとする者は、当該情報を秘密として取り扱うことを求めるときは、その旨及びその理由を記載した書面を提出しなければならない。

2　前項前段の規定により主要な消費者の団体が情報を提供することができるのは、当該調査に係る貨物が小売に供されている場合に限るものとする。

3　財務大臣は、調査の期間中必要があると認めるときは、産業上の使用者等又は主要な消費者の団体に対し、当該調査の対象となっている事項に関する情報を書面により提供することを求めることができる。この場合において、情報を提供しようとする者は、当該情報を秘密として取り扱うことを求めるときは、その旨及びその理由を記載した書面を提出しなければならない。

4　第4条第4項から第8項までの規定は、第1項前段又は前項前段の規定により提供された情報について準用する。

（証拠等、意見及び情報等の閲覧）

第7条　調査が開始された場合において、財務大臣は、第2条の規定により告示された同条第5号に掲げる期限まで、第4条第1項前段若しくは第2項前段の規定により提出された証拠若しくはこれらの規定によりされた証言を録取した書面若しくはその他の証拠（その性質上秘密として取り扱うことが適当であると認められる証拠及び証言を録取した書面並びに利害関係者により秘密の情報として提供された証拠及び秘密の情報としてされた証言を録取した書面を除く。）又は同条第4項、第5項若しくは第7項後段（これらの規定を同条第9項

において準用する場合を含む。）の規定により提出された書面（以下この条及び次条において「証拠等」という。）、第5条第1項又は第2項の規定により表明された意見（以下この条及び次条において単に「意見」という。）及び前条第1項前段若しくは第3項前段の規定により提供された情報（その性質上秘密として取り扱うことが適当であると認められる情報及び産業上の使用者等又は主要な消費者の団体により秘密として取り扱うことを求められた情報を除く。）又は同条第4項において準用する第4条第4項、第5項若しくは第7項後段の規定により提出された書面（以下この条及び次条において「情報等」という。）を利害関係者、産業上の使用者等又は主要な消費者の団体に対して閲覧させなければならない。ただし、主要な消費者の団体が証拠等、意見又は情報等を閲覧することができるのは、当該調査に係る貨物が小売に供されている場合に限る。

2　前項の規定により証拠等、意見又は情報等の閲覧をしようとする者は、閲覧をしようとする証拠等、意見又は情報等の標目及び利害関係者、産業上の使用者等又は主要な消費者の団体に該当する事情を記載した書面を財務大臣に提出しなければならない。

（閲覧の対象とされた証拠等、意見及び情報等に関する証拠の提出等、意見の表明及び情報提供）

第8条　利害関係者は、第2条の規定により告示された同条第6号に掲げる期限までに、前条第1項の規定により閲覧の対象とされた証拠等、意見又は情報等に関し、財務大臣に対し、証拠を提出し、又は証言をすることができる。

2　財務大臣は、利害関係者から前項の規定による証言の求めがあった場合は、証言の聴取の日時及び場所その他証言の聴取のために必要な事項を当該利害関係者に対し書面により通知しなければならない。

3　利害関係者、産業上の使用者等又は主要な消費者の団体は、第2条の規定により告示された同条第6号に掲げる期限までに、前条第1項の規定により閲覧の対象とされた証拠等、意見又は情報等に関し、財務大臣に対し、書面により意見を表明することができる。ただし、主要な消費者の団体が意見を表明することができるのは、調査に係る貨物が小売に供されている場合に限る。

4 産業上の使用者等又は主要な消費者の団体は、第2条の規定により告示された同条第6号に掲げる期限までに、前条第1項の規定により閲覧の対象とされた証拠等、意見又は情報等に関し、財務大臣に対し、書面により情報を提供することができる。ただし、主要な消費者の団体が情報を提供することができるのは、調査に係る貨物が小売に供されている場合に限る。

（公聴会）

第9条 財務大臣は、第4条第1項前段若しくは第2項前段若しくは前条第1項の規定により提出された証拠若しくはされた証言、第5条第1項若しくは第2項若しくは前条第3項の規定により表明された意見又は第6条第1項前段若しくは第3項前段若しくは前条第4項の規定により提供された情報が十分でないと認めるときは、調査の期間中、当該調査に関し公聴会を開き、利害関係者の証言若しくは利害関係者、産業上の使用者等若しくは主要な消費者の団体の意見を聴き、又は産業上の使用者等若しくは主要な消費者の団体による情報の提供を受けることができる。

（仮の決定の告示）

第9条の2 財務大臣は、法第9条第6項の調査が開始された場合において、同条第8項に規定する特定貨物の輸入増加の事実及びこれによる本邦の産業に与える重大な損害等の事実を推定することについての決定がされたときは、その旨及び当該決定の基礎となった事実を官報で告示するものとする。

（緊急関税を課すること等の告示）

第10条 財務大臣は、法第9条第1項若しくは第8項の規定による措置をとること、同条第1項の規定による措置を同条第10項の規定により延長すること又は同条第1項の規定による措置を撤回すること若しくは緩和することが決定されたときは、速やかに、その旨及び次に掲げる事項を官報で告示しなければならない。

一 法第9条第1項又は第8項の規定による指定に係る貨物の品名、銘柄、型式及び特徴

二 法第9条第1項又は第8項の規定により指定された期間（同条第1項の規定による措置を撤回し、又は緩和するときは、当該撤回又は緩和の期日を含む。）

三 法第9条第1項ただし書又は第8項ただし書に規定する輸入少量途上国産品をこれらの

規定により指定から除外した場合には、当該輸入少量途上国産品の原産地

四 調査により判明した事実及びこれにより得られた結論（法第9条第1項の規定による措置を撤回し、又は緩和するときを除く。）

五 法第9条第1項の規定による措置を緩和したときは、その内容

六 その他参考となるべき事項

2 財務大臣は、調査の結果、法第9条第1項の規定による措置をとらないこと又は同項の規定による措置を同条第10項の規定により延長しないことが決定されたときは、速やかに、その旨及び次に掲げる事項を官報で告示しなければならない。

一 当該調査に係る貨物の品名、銘柄、型式及び特徴

二 当該調査により判明した事実及びこれにより得られた結論

三 その他参考となるべき事項

（調査に関する協議等）

第11条 法第9条第1項に規定する本邦の産業を所管する大臣（以下この条において「産業所管大臣」という。）は、当該産業に利害関係を有する者の求めがあることその他の事情を勘案して必要があると認めるときは、同項に規定する特定の種類の貨物に係る関税法（昭和29年法律第61号）第102条第1項第1号に掲げる事項の統計の数値（その数値に合理的と認められる調整を加えて得た数値を含む。）並びに当該貨物の国内における販売状況及び生産状況を示す数値その他調査を開始するに足りる十分な証拠の有無を判定するために必要な資料を提供した上で、財務大臣及び経済産業大臣に対し調査の開始に係る協議を行う必要がある旨を通知するものとする。

2 前項の通知があった場合には、財務大臣、産業所管大臣及び経済産業大臣は、同項の証拠の有無を判定した上で、調査を開始し、又は開始しないことを決定するものとする。

3 調査を開始することを決定した場合には、財務大臣、産業所管大臣及び経済産業大臣は、調査（調査の結果の取扱いを含む。）に関し常に緊密な連絡を保つとともに、これらに関する重要事項について協議の上定めるものとする。

（関税・外国為替等審議会への諮問等）

第12条 財務大臣は、法第9条第1項、第3項、

関税暫定措置法（経済連携協定に基づく関税の緊急措置）　**157**

第4項若しくは第8項の規定による措置をとること、同条第1項の規定による措置を同条第10項の規定により延長すること又は同条第1項、第3項若しくは第4項の規定による措置を撤回すること若しくは緩和することが必要であると認められるときは、速やかに、関税・外国為替等審議会に諮問するものとする。ただ

し、同条第8項の規定による措置を直ちにとる必要があると認められる場合は、この限りでない。

2　財務大臣は、前項ただし書に規定する場合に該当して法第9条第8項の規定による措置がとられた場合においては、速やかに、当該措置の内容を関税・外国為替等審議会に報告しなければならない。

経済連携協定に基づく関税の緊急措置

関税暫定措置法

（経済連携協定に基づく関税の緊急措置）
第7条の7　経済連携協定に基づく関税の譲許（以下この条において単に「譲許」という。）による特定の種類の貨物（当該経済連携協定の規定に基づき譲許の便益の適用を受けるものに限る。）の輸入の増加の事実（第6項及び第7項において「特定貨物の輸入増加の事実」という。）があり、当該貨物の輸入の増加が重要な原因となつて、これと同種の貨物その他用途が直接競合する貨物の生産に関する本邦の産業に重大な損害を与え、又は与えるおそれがある事実（第6項及び第7項において「本邦の産業に与える重大な損害等の事実」という。）がある場合において、国民経済上緊急に必要があると認められるときは、当該経済連携協定の規定に基づき、政令で定めるところにより、国（固有の関税及び貿易に関する制度を有する地域を含む。以下この条、第7条の9第2号、第7条の10及び第8条の2第1項において同じ。）、貨物及び期間を指定し、次の措置をとることができる。
一　指定された貨物について当該経済連携協定に基づき更なる関税率の引下げを行うものとされている場合において、指定された期間内に輸入される当該指定された貨物の全部につき、又は当該貨物のうち一定の数量若しくは額を超えるものにつき、更なる関税率の引下げを行わないものとすること。
二　指定された期間内に輸入される指定された貨物の全部につき、又は当該貨物のうち一定の数量若しくは額を超えるものにつき、関税定率法別表に定める税率（第2条の税率の適用があるときは、その適用される税率）及び

協定税率のうちいずれか低いもの（以下「実行税率」という。）の範囲内において関税率を引き上げること。

2　前項の規定による措置がとられている場合において、特別の理由により必要があると認められるときは、当該経済連携協定の規定に基づき、政令で定めるところにより、同項の規定により指定された期間を延長することができる。

3　特定の貨物につき第1項の規定による措置をとる場合又はとつた場合には、当該経済連携協定の規定に基づき、政令で定めるところにより、当該貨物以外の貨物で譲許がされているものにつきその譲許を修正し、又は譲許がされていないものにつき新たに譲許をし、その修正又は譲許をした後の税率を適用することができる。

4　経済連携協定の我が国以外の締約国（第12条の4において「協定締約国」という。）において当該経済連携協定の規定に基づき関税の緊急措置（次項において「我が国以外の締約国の緊急措置」という。）がとられた場合には、当該経済連携協定の規定に基づき、政令で定めるところにより、国及び譲許がされている貨物を指定し、その貨物の全部又は一部につき譲許の適用を停止し、実行税率の範囲内の税率による関税を課することができる。

5　前2項の規定による措置は、それぞれその効果が第1項の規定による措置の補償又は我が国以外の締約国の緊急措置に対する対抗措置として必要な限度を超えず、かつ、その国民経済に対する影響ができるだけ少ないものとするような配慮のもとに行わなければならない。

6　政府は、特定貨物の輸入増加の事実及びこれによる本邦の産業に与える重大な損害等の事実についての十分な証拠がある場合において、必要があると認めるときは、これらの事実の有

無につき調査を行うものとする。

7　政府は、前項の調査が開始された場合において、その調査の完了前においても、十分な証拠により、特定貨物の輸入増加の事実及びこれによる本邦の産業に与える重大な損害等の事実を推定することができ、国民経済上特に緊急に必要があると認められるときは、当該経済連携協定の規定に基づき、政令で定めるところにより、国、貨物及び期間を指定し、次の措置をとることができる。

一　指定された貨物について当該経済連携協定に基づき更なる関税率の引下げを行うものとされている場合において、指定された期間内に輸入される当該指定された貨物の全部につき、又は当該貨物のうち一定の数量若しくは額を超えるものにつき、更なる関税率の引下げを行わないものとすること。

二　指定された期間内に輸入される指定された貨物の全部につき、又は当該貨物のうち一定の数量若しくは額を超えるものにつき、実行税率の範囲内において関税率を引き上げること。

8　政府は、第6項の調査が終了したときは、第1項の規定による措置をとる場合を除き、前項の規定により課された関税を速やかに還付しなければならない。同項の規定により課された関税の額が、同項の規定による措置がとられていた期間内に輸入される同項の規定により指定された貨物につき、第1項の規定により関税が課されるものとした場合に課される関税の額を超える場合における当該超える部分の関税についても、同様とする。

9　財務大臣は、第4項に基づき譲許の適用を停止し、実行税率の範囲内の税率による関税を課するため必要があると認めるときは、外務大臣、農林水産大臣、経済産業大臣その他関係行政機関の長に対し、譲許の適用を停止すべき国及び貨物並びに適用すべき関税の税率について意見を求めることができる。

10　外務大臣、農林水産大臣、経済産業大臣その他関係行政機関の長は、前項の規定により財務大臣から意見を求められたときは、正当な理由がある場合を除き、その求めがあつた日から起算して30日以内に、書面により意見を述べなければならない。

11　前各項に定めるもののほか、これらの規定の適用に関し必要な事項は、政令で定める。

経済連携協定に基づく関税の緊急措置に関する政令

（本邦の産業）

第1条　緊急関税等に関する政令（平成六年政令第四百十七号。以下「令」という。）第1条の規定は、関税暫定措置法（以下「法」という。）第7条の7第1項に規定する本邦の産業について準用する。

（調査の開始の告示）

第2条　財務大臣は、法第7条の7第6項の調査（以下単に「調査」という。）を開始することが決定されたときは、速やかに、その旨及び次に掲げる事項を官報で告示しなければならない。

一　当該調査の対象となる国（固有の関税及び貿易に関する制度を有する地域を含む。以下同じ。）

二　当該調査に係る貨物の品名、銘柄、型式及び特徴

三　当該調査を開始する年月日

四　当該調査の対象となる期間

五　当該調査の対象となる事項の概要

六　次条において準用する令第4条第1項前段、第5条第1項、第6条第1項前段及び第7条第1項の規定による証拠の提出及び証言、意見の表明、情報の提供並びに証拠等、意見及び情報等の閲覧についてのそれぞれの期限

七　次条において準用する令第8条第1項、第3項及び第4項の規定による証拠の提出及び証言、意見の表明並びに情報の提供についてのそれぞれの期限

八　その他参考となるべき事項

（証拠の提出等）

第3条　令第4条から第9条までの規定は、調査について準用する。この場合において、令第4条第1項前段、第5条第1項本文、第6条第1項前段、第7条第1本文並びに第8条第1項、第3項本文及び第4項本文中「第2条」とあるのは「経済連携協定に基づく関税の緊急措置に関する政令第2条」と、令第4条第1項前段及び第2項前段中「法第9条第6項に規定する事実又は同条第10項に規定する事情」とあるのは「関税暫定措置法第7条の7第6項に規定する事実」と読み替えるものとする。

経済連携協定に基づく関税の緊急措置に関する政令　**159**

（関税の緊急措置をとること等の告示）

第4条　財務大臣は、法第7条の7第1項若しくは第7項の規定による措置をとること、同条第1項の規定による措置を同条第2項の規定により延長すること又は同条第1項の規定による措置を撤回すること若しくは緩和することが決定されたときは、速やかに、その旨及び次に掲げる事項を官報で告示しなければならない。

一　法第7条の7第1項又は第7項の規定による指定に係る国

二　法第7条の7第1項又は第7項の規定による指定に係る貨物の品名、銘柄、型式及び特徴

三　法第7条の7第1項又は第7項の規定により指定された期間（同条第1項の規定による措置を撤回し、又は緩和するときは、当該撤回又は緩和の期日を含む。）

四　調査により判明した事実及びこれにより得られた結論（法第7条の七第1項の規定による措置を同条第2項の規定により延長するとき又は同条第1項の規定による措置を撤回し、若しくは緩和するときを除く。）

五　法第7条の7第1項の規定による措置を同条第2項の規定により延長するときは、その理由

六　法第7条の7第1項の規定による措置を緩和したときは、その内容

七　その他参考となるべき事項

2　財務大臣は、調査の結果、法第7条の7第1項の規定による措置をとらないことが決定されたときは、速やかに、その旨及び次に掲げる事項を官報で告示しなければならない。

一　当該調査の対象の国

二　当該調査に係る貨物の品名、銘柄、型式及び特徴

三　当該調査により判明した事実及びこれにより得られた結論

四　その他参考となるべき事項

（調査に関する協議等）

第5条　法第7条の7第1項に規定する本邦の産業を所管する大臣（以下この条において「産業所管大臣」という。）は、当該産業に利害関係を有する者の求めがあることその他の事情を勘案して必要があると認めるときは、同項に規定する特定の種類の貨物に係る関税法（昭和二十九年法律第六十一号）第102条第1項第1号に掲げる事項の統計の数値（その数値に合理的と認められる調整を加えて得た数値を含む。）並びに当該貨物の国内における販売状況及び生産状況を示す数値その他調査を開始するに足りる十分な証拠の有無を判定するために必要な資料を提供した上で、財務大臣及び経済産業大臣に対し調査の開始に係る協議を行う必要がある旨を通知するものとする。

2　前項の通知があった場合には、財務大臣、産業所管大臣及び経済産業大臣は、同項の証拠の有無を判定した上で、調査を開始し、又は開始しないことを決定するものとする。

3　調査を開始することを決定した場合には、財務大臣、産業所管大臣及び経済産業大臣は、調査（調査の結果の取扱いを含む。）に関し常に緊密な連絡を保つとともに、これらに関する重要事項について協議の上定めるものとする。

（関税・外国為替等審議会への諮問等）

第六条　財務大臣は、法第7条の7第1項、第3項、第4項若しくは第7項の規定による措置をとること、同条第1項の規定による措置を同条第2項の規定により延長すること又は同条第1項、第3項若しくは第4項の規定による措置を撤回すること若しくは緩和することが必要であると認められるときは、速やかに、関税・外国為替等審議会に諮問するものとする。ただし、同条第7項の規定による措置を直ちにとる必要があると認められる場合は、この限りでない。

2　財務大臣は、前項ただし書に規定する場合に該当して法第7条の7第7項の規定による措置がとられた場合においては、速やかに、当該措置の内容を関税・外国為替等審議会に報告しなければならない。

※各法令は2025年2月20日現在のもの

<著者>

水谷 浩隆
Hirotaka Mizutani

財務省関税局にてWTO担当課長補佐、調査保税課総括補佐、知的財産専門官、特殊関税調査室長、税関では名古屋税関業務部長、神戸税関監視部長、東京税関調査部長、大阪税関総務部長などを歴任、関税政策及び税関行政に幅広く関わる。元外務省在ベルギー日本国大使館一等書記官、元関税協力理事会(WCO)日本政府代表代理元政策研究大学院大学客員教授。財務省関税中央分析所長を最後に退官。現在、伊藤忠商事株式会社法務部関税担当部長。

(本書は、特殊関税制度の概要を簡潔にまとめたものであり、実際の手続に際しては関係の法令等を参照する必要があること及び著者の個人的な整理と見解であり、著者が所属していた又は所属している組織のものでないことをお断りさせていただきます。)

特殊関税ハンドブック
―アンチダンピング関税を中心に手続を解説―

2025年3月24日発行　ISBN 978-4-88895-529-4

発行所　公益財団法人 日本関税協会

〒101-0062 東京都千代田区神田駿河台3-4-2
日専連朝日生命ビル6F
https://www.kanzei.or.jp/

© Hirotaka Mizutani 2025 Printed in Japan

本書の全部または一部を無断で複製・転載すること等は、著作権法上の例外規定を除き、禁じられています。複製・転載等をする場合は、あらかじめ当協会あてに許諾をお求めください。なお、私的利用の場合においても、購入者以外の第三者が本書を電子化あるいは電子書籍化することは著作権法では認められていません。